中华先锋人物
故事汇

吴大观

给战鹰安上“中国心”

WU DAGUAN
GEI ZHANYING ANSHANG ZHONGGUOXIN

李春雷　著

党建读物出版社　接力出版社 Publishing House

图书在版编目（CIP）数据

吴大观：给战鹰安上“中国心”／李春雷著．—南宁：接力出版社；北京：党建读物出版社，2021.6
（中华人物故事汇．中华先锋人物故事汇）
ISBN 978-7-5448-7189-1

Ⅰ.①吴…　Ⅱ.①李…　Ⅲ.①传记小说－中国－当代
Ⅳ.①I247.5

中国版本图书馆CIP数据核字（2021）第084503号

吴大观——给战鹰安上“中国心”
李春雷　著

责任编辑：楚亚男　王舒婷
责任校对：高　雅　张琦锋
装帧设计：严　冬　许继云　　美术编辑：高春雷
出版发行：党建读物出版社　　接力出版社
地　　址：北京市西城区西长安街80号东楼（邮编：100815）
　　　　　广西南宁市园湖南路9号（邮编：530022）
网　　址：http://www.djcb71.com　　http://www.jielibj.com
电　　话：010-65547970/7621
经　　销：新华书店
印　　刷：河北鹏润印刷有限公司
2021年6月第1版　　2021年11月第2次印刷
787毫米×1092毫米　32开本　5.25印张　80千字
印数：10 001—20 000册　　定价：25.00元

目录

写给小读者的话

小时候，谁没玩过纸飞机呢！

你把纸飞机举在手里，仰望天空，然后挥动手臂，投掷出去——哇，纸飞机飞起来了、飞起来了！

此刻，你的心，也随之飞上了天空……

可是，不一会儿，纸飞机又重重地跌落在地上——因为它没有持久的动力支撑。

小小的你，或许有些失望，或许有些迷惘，又或许有些不甘，有些畅想。

你是否会想起国庆节大阅兵的场景？一架架战机轰鸣着飞过天安门广场上空，多么令人激动啊！

战机之所以能够翱翔蓝天，是因为它有一颗强劲的“心脏”——航空发动机。

这本书，讲述的就是中国航空发动机之父——吴大观的故事！

一九四九年十月，新中国成立时，我国还没有自己制造的战机，其中一个最重要的原因，就是没有自己制造的飞机“心脏”——航空发动机。

航空发动机不仅是飞机飞行的动力来源，也是促进航空事业发展的重要推动力。人类航空史上的每一次重要变革，都与航空发动机的技术进步密不可分。

航空发动机是一个极端复杂的系统，是研发制造难度最大、级别最高的现代工业产物，被称为现代工业“皇冠上的明珠”。

设计制造航空发动机，需要顶尖科学家，需要一大批高素质的专业工程师，还要有各种高端过硬的材料、精密机床设备，等等。

研制航空发动机，时间成本也很高。一款新发动机的设计周期，往往需要十年甚至二十年。许多专家终其一生，就扑在一台发动机上。

可以说，航空发动机从设计、制造到最后装上飞机，几乎就是一个国家工业体系的缩影，代表着一个国家整个工业体系从设计到制造的最高水平。

尽管航空发动机的设计制造如此艰难，但从新中国成立初期，我们国家就开始研制航空发动机，因为祖国的领空需要自己的战机保卫！

这是祖国的需要，也是新中国科学家的历史使命！

吴大观，就是新中国第一代研制航空发动机的科学家。他把自己的一生投入到了这项事业中：从一个雄姿英发的青年人，到一位壮心不已的耄耋老人。他始终怀有一颗飞翔的“中国心”。最终，他成为“中国航空发动机之父”！

你想知道吴大观是如何走上研制航空发动机之路，又是如何在坎坷崎岖中攀登的吗？

让我们翻开这本书，看看吴大观是如何让“中国心”飞上蓝天的！

读过这本书，你就会知道：不是“天才”也可以获得成功——只要你步履坚定、勇于攀登，只要你志存高远、心中有梦！

早当家的穷孩子

万里长江，浩浩西来，滚滚东去，流入江苏境内，穿过扬州、镇江，一路奔腾，汇入东海。

在长江北岸的扬州境内，有一个四面环水的古镇，名叫头桥。

头桥镇前身是明朝时由吴姓大家族聚集而居的“江洲第一大镇”——吴家桥。清乾隆四十八年（1783年），由于江水泛滥，村落民居坍入江中，导致吴家桥两度搬迁，最终在一座著名的古石桥——“江洲头桥”附近定居下来，于是更名为“头桥镇”。

头桥镇因水而兴，因商而富，文化底蕴深厚，各类人才荟萃，有“揾江控淮繁盛地，白鹤飞来三千载”的美誉。

一九一六年十一月十三日，头桥镇吴家诞下一个男孩。

这个男孩，就是本书的主人公——吴大观。

不过，他早年的名字是吴蔚升。为了避免读者阅读时觉得混乱，本书在叙述时将主人公名字统一为吴大观。至于他后来的更名经历，书里也会讲到。

吴大观的母亲王继美，出生在一个富裕家庭。他的外公王凤泰，是当地著名乡贤，原本从事骡脚行（用骡马大车搞运输）生意，后来经营酱菜产业，在儿子王鉴人的助力下，最终创建了扬州百年老字号——头桥“王裕泰酱园”。

吴大观的父亲吴健飞，家境贫寒。吴健飞在山东枣庄做煤炭生意，由于经营不善，生意惨淡，常年不归。

王继美留守在婆家，带着四个孩子，靠借债度日。因为经常食不果腹，少年时的吴大观面黄肌瘦，体弱多病，早早就品尝到了人生的苦涩。

俗话说，穷人的孩子早当家。吴大观是家里

四个孩子中的老大，从小便帮着母亲做家务、干农活，还要照看弟弟妹妹。

父亲常年在外，家里饮水困难，需要吴大观和母亲用水桶到“王家大汪”一趟趟抬回来。“王家大汪”，是吴大观外祖父家族挖掘的一个“宅后藕塘”。塘边有一块搭在木桩上的翘板，伸入水面，供人抬水时行走。“王家大汪”距离吴大观一家居住的九字圩有两里多路。

冬天，滴水成冰。抬水时，母亲担心年幼的儿子，就把扁担上的水桶尽量往自己这边挪，一路上溅出的水大都洒到了自己身上。到了家里，母亲的衣裤上结了冰甲。已经懂事的吴大观，哭着对母亲说：“妈妈，等我长大，自己就能挑水了。”

每天放学回来，吴大观会帮母亲烧火做饭，替母亲分担家务。他随时按照母亲的要求，把火焰烧大一些或压小一些。有时候不小心，火焰烧灼到了手指，吴大观咬紧牙，默不作声。

生活的艰难，让儿时的吴大观少了许多快乐，却也历练出了他坚强乐观的性格和勤劳善良的品行。

为了接济家里的生活，课余时间里，吴大观经常到河汊、池塘里捞鱼。池塘里有青鱼、草鱼和鲢鱼，偶尔还能捉住几只螯蟹、青虾和冠蚌。他提着装满鱼虾的小桶回到家里，母亲经过一番蒸煮，就给贫苦的生活增添了一些浓郁的香味。每当看到弟弟妹妹们美滋滋地吧嗒着小嘴巴，母亲终日里紧锁的眉头就会舒展开来，吴大观也就有了当大哥的欣慰。

一九三一年夏天，长江暴发特大洪水，头桥镇遭遇了历史上罕见的涝灾，吴大观家的房屋几乎全被冲走。在舅舅的帮助下，母亲把全部家当从江北的头桥镇搬到了长江南岸的镇江城里。因此，在后来的人生中，吴大观常常说自己也算是镇江人。

那时的吴大观，虽然还不能完全理解母亲深深的无奈，却第一次感受到了背井离乡的忧愁和颠沛流离的痛苦。

苦难，磨炼了吴大观的承受力，也激发了他努力向上的精神。

他对知识的学习，更自觉、更用功了。

一副对联

在吴大观儿时的成长过程中，舅舅对他帮助最大。

舅舅本名王继先（1875—1948），字鉴人。王鉴人继承父亲王凤泰的酱菜产业，一手打造了著名的头桥“王裕泰酱园”。舅舅接管家业时，王家已有三处酱园，一处是头桥镇的“王裕泰酱园”，另两处在镇江城里，字号都是“裕和祥酱园”。

王家经营酱园，靠的是勤劳诚信，从来不搞歪门邪道，所以生意兴隆，口碑良好。每当乡民们提起王家酱园字号，就会想起王鉴人和善可亲的形象。

吴大观家距离舅舅的宅院不太远。儿时，他经常去舅舅家里玩耍。舅舅家大门两侧镌刻的一副对联，常常吸引住吴大观的目光。

那时，吴大观还认不全对联上的字，舅舅就一字一字地念给他听：

“传家有道唯忠厚，处世无奇但率真。”

虽然吴大观还不能完全理解其中深意，但他隐隐约约感觉到，舅舅就是按照这副对联的道理来治家处事的。

舅舅家境虽然富裕，但家风很好。全家人都不近烟酒，更没有沾染旧时代商人常有的吃喝嫖赌那些恶习。

舅舅还非常热心公益事业。民国初年的头桥镇，还没有一所学校。舅舅那时担任江都县头桥乡董和乡议长，出于“教育兴镇，开启民智，培养人才，造福桑梓”的愿望，他以个人声望发出倡议，创建了头桥小学。

到了上学年龄，吴大观就搬到舅舅家居住，并进入了头桥小学读书。

除了舅舅之外，另一个对吴大观影响很大的

人是舅妈。

舅妈林氏，头桥镇十圩人，出身名门，是一个大家闺秀。

舅妈生育了四个儿子、两个女儿。吴大观的三个表哥都上了大学，且多才多艺，有的擅长书法、绘画，有的擅长写诗、撰文。每逢节假日，舅舅家里就变成了文艺沙龙，这边吟诗诵文声抑扬响起，那边飘来展纸挥笔的墨香。腹有诗书的表哥们，都深深地熏陶着吴大观，激励他好学上进。

当时，“学而优则仕”——做官，几乎是所有读书人的梦想，但是舅舅家里人却不愿如此。

那年，吴大观的二表哥大学毕业了，在就业时有两个选择：一是当县长，二是到立法院做职员。二表哥回到家里，和父母讨论该如何选择。这时，舅妈语气坚定地说：“为官不仁，无官不贪，我家老二不当官。”当时吴大观就在场，舅妈的这句话给他留下了极深的印象，也让他对舅妈崇敬有加。

舅舅和舅妈对吴大观一家非常照顾，经常接

济钱财和粮食。吴大观的父亲在外经商，隔很久才给家里寄一次钱，母亲和他们几个孩子常常会生活困顿，这时舅舅和舅妈的帮助就更是雪中送炭。

母亲的自尊要强，舅舅的诚实宽厚，舅妈的爱憎分明，表哥们的好学上进，都潜移默化地影响着吴大观。特别是在贫寒艰苦的生活里，吴大观不仅从长辈们的身上感受到了善良、关爱、诚实、正直、乐观等优秀品格，也磨炼出不怕困难、敢于奋斗的精神。

后来，吴大观离开舅舅家，到外地读中学。但每年放假，他都会住在舅舅家，和表哥们在一起。在那里，他学到了不少知识，也懂得了很多做人的道理。

四块银圆

小学毕业时，吴大观选择报考江苏省扬州中学，那是他向往已久的学校。

扬州中学远近闻名，前身是创办于一九〇二年的“仪董学堂”，意在纪念西汉哲学家、江都相董仲舒。这是扬州第一所官立中学。

扬州中学素以校风优良、名师荟萃、人才辈出著称于世，建校一百多年来，培养出了数以万计的高素质毕业生，其中有四十多名院士，以及大批专家、学者、教授。

吴大观以优异成绩考上了扬州中学，却陷入无钱缴纳学费的窘境。

当时，扬州中学的学费加饭费，一共是十三

块银圆。

可是，母亲翻箱倒柜把家里的钱全部收罗起来之后，还缺少四块银圆。四块银圆，便成了吴大观走进扬州中学的“拦路虎”！

怎么办呢？母亲坐在门槛上，唉声叹气，愁眉不展。最终，她只得向哥哥王鉴人求助。

母亲是一个很要强的人，尽管王鉴人是她的亲哥哥，但她也不愿意亲自出面。

“你去找舅舅吧！”母亲一脸无奈。于是，张口借钱的事就落到了吴大观身上。

吴大观挠挠头，怔怔地看着母亲，脸上显出为难的神色：“我……我怎么说啊？”

这时，母亲想了一个办法，说：“我给你舅舅做一碗‘淡菜烧肉’，你端着送去，然后对舅舅说，你要去扬州中学上学了。”

“这管什么用啊？”吴大观还是一脸茫然。

母亲俯身贴近吴大观，悄悄对他说了一番。

直到这时，吴大观才明白了母亲的用意。

“淡菜烧肉”是头桥当地的一道传统名菜。这里的“淡菜”并不是一种蔬菜，而是将海鲜贻贝肉煮熟后加工而成的“贻贝干”，营养价值很高，味道鲜美；肉呢，要用带皮的猪后腿肉，配以荸荠、豆干、老姜、青葱、高粱酒、酱油、冰糖、黑醋等作料，经过腌、煎、炸、蒸若干工序后做成。其味道，香喷喷，鲜腾腾。在贫穷的农家，一年也吃不上两次。

母亲费尽周折才把食材备全，精心烹制好之后，没舍得让吴大观尝一口，就把一个盛满“淡菜烧肉”的青花大瓷碗放进竹篮里，递给他，嘱咐道：“趁热，快给你舅舅送去。”

吴大观小心翼翼地提着竹篮，一路上闻着肉香，忍着馋涎，很快就来到了舅舅家。

“舅舅，我妈给您做的‘淡菜烧肉’。”吴大观恭恭敬敬地递上竹篮。

舅舅有些意外，接过竹篮说：“这不过年不过节的，你家哪有钱买肉啊？”舅舅把竹篮放到桌子上，转身问吴大观：“你小学毕业了，今后准备做什么？”

吴大观按照母亲的叮嘱，赶紧说：“我想去扬州中学上学，已经考上了。”

“哦，扬州中学好！”舅舅听了很高兴，接着就问：“你还缺什么吗？”

吴大观有些嗫嚅，挠挠头说：“学费，学费还缺四块银圆。”

舅舅一听，转身拉开抽屉，拿出一摞银圆，放到吴大观手里，说：“今后有什么困难就告诉我，你安心学习就好！”

就这样，吴大观顺利地走进了扬州中学……

扬州中学果然名不虚传，师资力量强，教学质量高。

吴大观在校学习期间，各科老师的学问、道德和人品都很出众。特别是教生物兼任生活老师的朱伯吾老师，除了在学业上尽心教授，还经常在生活上关心吴大观，帮他渡过各种难关。

自然课上，那些矿石硬度比较难记，吴遐伯老师就把十种矿石的硬度从低到高排序，并用两句话串联在一起成为“口诀”，让学生们非常容易记住——“滑石方萤磷、正石黄刚金”：“滑”就是“滑石”，硬度最低；之后是“石膏”“方解石”“萤石”“磷灰石”“正长石”“石英”“黄玉”“刚玉”和“金刚石”。“金刚石”也就是人们常说的“钻石”，硬度最高。

这个“口诀”，吴大观直到晚年还能准确背诵。

虽然有了舅舅的资助，但吴大观的校园生活还是十分拮据。

那些富裕人家的孩子，花钱大手大脚，总是嫌弃学校食堂的饭菜不好，每到吃饭时，经常要家里送来美味佳肴。

而吴大观呢，只能选择学校食堂里最便宜的饭菜。

他非常节俭，经常往米饭里倒上一些酱油，搅拌一下就是一顿饭。这样下来，他交的饭费，每个学期学校还可以退回一块多银圆。

吴大观明白，母亲让他亲自去找舅舅借钱，一是因为自己家的确没有钱，同时也是要让他知道钱的来之不易。

一九三七年，抗日战争全面爆发，学校停课，师生被迫四散而去，流落到了全国各地。

那时，吴大观刚刚在扬州中学毕业。

他，面临着一次重要的人生选择。

少年心事当拿云

青烟绿树，碧水古桥；荷花映日，蛙声如歌——水乡头桥镇犹如一幅风景画。

虽然生活艰难，但家乡的美景也给吴大观的少年时代增添了许多诗情画意。

小时候，吴大观对飞翔特别感兴趣，尤其喜欢琢磨昆虫的翅膀。看着蜻蜓、蝴蝶、蜜蜂等形状各异的翅膀，他总是在想，它们是怎么利用翅膀飞起来的？它们的翅膀怎么有单层的，还有双层的？蜻蜓的翅膀有时候看不见扇动，怎么也能飞翔呢？

对天上的飞鸟，吴大观更是好奇。他常常仰着头，一看就是大半天。他总在想，鸟儿怎么能在天上飞那么高、那么远呢?

有一次，他跑去问舅舅:“人怎么不能像鸟儿一样飞起来呀?”

“人的身上没有羽毛和翅膀，所以不能直接飞起来。但是，有不少想飞起来的人，做了很多‘飞翔’的试验。”舅舅说，“我给你讲讲万户和徐正明的故事吧。”

一听舅舅要讲故事，吴大观就高兴地坐在了舅舅身边。

舅舅喝了一口茶，开始讲起来:

在明朝，有一位富家子弟，名叫万户。

万户熟读诗书，但不去参加科举考试，因为他不爱做官，只喜欢科学。他最感兴趣的是，中国古人发明的火药和春节时点燃的飞天礼花“火箭”。万户想利用这两种具有巨大推力的东西，把人送上蓝天，去亲眼观察高空的景象。

为此，他做了充足的准备，制作了一整套器械。

这天，在万家山下，他双手举着两个大风筝，

坐在一辆捆绑着四十七支“火箭”的蛇形飞车上。然后，他命令仆人点燃第一排“火箭”。

这时，一位仆人手举火把，来到万户的面前，心情沉重地说道：“主人，我心里好害怕。”

万户问：“害怕什么？”

仆人说：“倘若飞天不成，主人的性命怕是难保。”

这时，众仆人纷纷上前，哀求道：“主人，还是不要飞天了！”

万户仰天大笑道：“飞天，乃是我华夏千年夙愿。今天，我即便粉身碎骨，也要为后世闯出一条探天的道路来。尔等不必害怕，快来点火！”

仆人们只好服从万户的命令，举起熊熊燃烧的火把，点燃了“火箭”。

只听轰的一声巨响，飞车周围浓烟滚滚，烈焰翻卷。这时，飞车离开地面，载着万户徐徐向上升起。

正当地面的人群发出欢呼的时候，第二排火箭自行点燃了，飞车继续向上升起。

突然，横空一声爆响，飞车瞬间成了一团火

球，万户从熊熊燃烧的飞车上跌落下来，手里还紧紧握着两个着了火的巨大风筝。

最终，万户摔死在了万家山上……

吴大观被万户的故事深深吸引，过了一会儿，才回过神来。

“舅舅，徐正明又是怎么回事呢？”吴大观问道。

舅舅端起茶盏，不急不慢地呷了一口，又讲了起来：

徐正明是清朝人，是一个富户，老家在苏州，离我们扬州不远。

他对飞翔也十分着迷，曾用十年时间，花费很多钱财，终于造出一架带有旋翼的“飞车”。

人坐在“飞车”的椅子上，用双脚快速踩蹬踏板，通过机械装置带动旋翼，“飞车”居然能够飞起来，不过只能飞离地面一尺多高，也飞不远，因为脚踩踏板，动力太小。

徐正明的“飞车”造好以后，没有得到外界

的赞助支持，家境日益贫困，还欠了一些外债，也就不能继续改进他的“飞车”了。

徐正明死后，他的妻子一气之下，就把那架“飞车”给烧掉了。

可惜，世界上最早的人力飞行器，就这样被湮没了……

舅舅摇摇头，叹息一声。

万户和徐正明的故事，让少年吴大观的心悄悄飞上了蓝天。

在扬州中学的时候，吴大观还听说了两个美国飞行员的故事——

一九二七年，美国飞行员查尔斯·A. 林白独自驾机，从纽约飞到巴黎，成功飞越了大西洋，成为名扬四海的英雄。

一九二九年，美国海军中校伯德，驾驶飞机飞越南极，轰动了全世界。

从那时起，“飞机”便在吴大观心里生了根。

一九三七年，二十一岁的吴大观以优异成绩

从扬州中学毕业后，决定报考清华大学。

由于日本发动了“卢沟桥事变”，当时的北平处于战火之中，无法组织考试，于是清华校方决定：把考卷运到上海，在上海组织考试。考试时间，定在八月十日。

考场改在上海，离扬州更近了。吴大观和一个同学在八月六日就兴冲冲地赶到上海，住在了大表哥家里。

不料，考试前两天，校方忽然贴出告示：由于战争，京沪铁路不通，考卷没有运到上海，考试取消。

得知这个消息，吴大观懊丧地叹了一口气：“看来清华大学是考不成了。”

八月十三日，日本侵略军向上海发起进攻，上海顿时变成了战场。“这里非常危险，考试已经不可能了。”大表哥给了吴大观一些路费，让他和同学赶紧回扬州去。

第二天一大早，吴大观他们二人就赶到了火车站。

这时，日军飞机对上海狂轰滥炸，火车南站

被炸得七零八落，候车室里挤满了逃难的人们。

一片混乱中，吴大观和那位同学从车窗爬进了车厢。日军飞机盘旋着，追着火车扔炸弹。他们冒着被炸死的危险，总算逃回了老家。

望着日军飞机在自己国家的天空横行霸道、耀武扬威，吴大观悲愤不已。

他想：如果中国拥有强大的战机，还会遭受这般欺辱吗?

从此，为中国制造更厉害的飞机，成了吴大观最大的心愿!

漫漫求学路

回到镇江，暂时远离战火，吴大观心里还是想着考大学。

一天，报纸上登出了一则消息：由于日寇侵占华北，北京大学、清华大学、南开大学三所位于北方的大学，联合在湖南长沙组建“国立长沙临时大学”，各地有志于继续深造的青年人都可以去报考。

吴大观不禁心中一喜：我又可以继续考大学了。

不过长沙距离扬州很远，时值战乱，直接前去风险较大，先询问一下较妥。于是，吴大观联系了两个同学，给国立长沙临时大学写了一封信，咨询报考的相关事宜。

扬州中学声名远播，以前被北大、清华、南开等名牌大学录取的学生很多。国立长沙临时大学收到吴大观的信后，得知他们是扬州中学的优秀毕业生，于是很快答复："你们不用考试，可以保送，直接来上学吧，只要你们学校写一个证明就行。"

于是，吴大观顺利进入了国立长沙临时大学。

一九三七年十月二十五日，国立长沙临时大学在岳麓山下举行了开学典礼，十一月一日正式上课（这一天成为西南联大校庆日），原三所大学的校长蒋梦麟、梅贻琦、张伯苓共同主持校务。

身边没有了战火，眼前是静静的课本，坐在明亮的教室里，吴大观甚是欣慰："我要多学一些知识，他日报效祖国。"

吴大观就像一条鱼儿，畅游在知识的海洋。

然而，还不到一个月，校园的安静就被猛烈的爆炸声打破。

一九三七年十一月二十四日，日军飞机从江

西飞到长沙，对中国当时的南北大动脉粤汉铁路进行了大轰炸。原本安全的长沙，也陷入危境。

为了躲避战火，国立长沙临时大学决定：向遥远的云南昆明搬迁。

日寇入侵，国土沦丧，是投笔从戎参加抗日，还是去昆明继续求学？吴大观有些犹豫。

当时，中国共产党驻湖南代表徐特立从延安来到长沙，到国立长沙临时大学做报告，吴大观前去礼堂聆听。

徐特立身穿八路军的土布军装，这让吴大观眼前一亮：还有这么朴素的“大官”！

徐特立，湖南长沙人，曾担任长沙师范学校校长，是毛泽东、田汉等人的老师，讲一口地道的湖南话。他在报告里讲到了国际、国内的形势，宣传共产党的抗日主张，号召青年们参加抗日。

听了徐特立的报告，吴大观备受鼓舞，感觉自己应该投身抗日。

当时，扬州已经被日军占领，吴大观的二表哥带着表姐租了一条船，溯江而上，逃难到了湖南湘潭。长沙离湘潭很近，吴大观就去看望表哥和表姐。

吴大观对表哥讲了自己从军的想法，但表哥劝他还是去上学："现在你还年轻，在大学里多学一些知识，将来可以更好地为国家做贡献。"

上大学始终是吴大观心中深深的渴望，最终他接受了表哥的建议，决定随学校前往昆明。

当时，有位同学也打算中断学业，投身疆场。吴大观劝慰说，继续读书可以在将来更好地报效国家。

那位同学说："可是，我没有路费，去不了昆明。"

其实，这位同学的家境比吴大观家富裕多了，只是由于战乱，和家里联系不上，一时得不到接济。

吴大观对他说："我表哥给了我一些钱，路上咱们两个一起用。有我一口饭，就有你一口饭；有我一口汤，就有你一口汤。"

这个同学特别感动，当即决定前去昆明继续读书。

一九三八年二月十九日，国立长沙临时大学召开了搬迁誓师大会，吴大观和一千四百多名同学一起，踏上了从长沙到昆明的漫漫求学路。

随着战火由北向南燃烧，受到殃及的老百姓天天惊慌不安。

听说长沙要打仗了，人们都想赶快逃离。有钱的人乘火车、汽车或轮船，没钱的人只能靠着两条腿一路狂奔。即使搭上火车、汽车，途中也要遭受日军飞机的疯狂轰炸。每当凄厉的防空警报拉响，车辆就会立刻停下，人们纷纷从车厢里跳出来，躲进庄稼地里，趴在地上，闭着双眼，捂住耳朵，祈祷自己能躲过劫难。等到警报解除，人们继续逃命。

一路上，吴大观亲眼目睹了逃难百姓的苦楚——破衣烂衫，饥肠辘辘，抱着孩子，背着包袱……

“没有国，哪有家啊！”吴大观时时感叹。

雨果如是说

辗转到了广州，吴大观和几个同学借住在岭南大学的校舍。他们要在这里停留数日。

那天，吴大观上街，看见电影院正在上映《悲惨世界》，就买票观看。

影片非常感人，吴大观连着看了两遍。

这部影片根据法国著名作家雨果的同名小说改编，讲述了一个名叫冉·阿让的人，为了不让孩子饿死，偷了一块面包，被判处五年徒刑，进了监狱。但他数次企图越狱，结果又被改判为十九年苦役。

熬过了苦役生活之后，冉·阿让被要求必须随身带着写有“极端危险人物”的黄色身份证。

他到处遭人白眼，找不到工作，没有饭吃，露宿街头，毫无尊严。他痛恨这个世界，发誓要向社会复仇。

一天，冉·阿让来到莫里哀主教家门前乞讨。主教留他吃了晚饭，并安排他住在家里。但他在深夜偷了主教的银餐具，在大街上被巡夜的警察抓住，押回了主教的家里。

没想到，主教却对警察说："这个人带着的餐具不是偷的，是我送给他的。"警察只好走了，冉·阿让免遭了再次被捕。这时，主教又把珍贵的银烛台也送给了他，并对他说了一句话："人生是施与，不是索取。"主教的话深深震撼了冉·阿让。

从此，冉·阿让洗心革面、改名换姓，创办工厂，当上了市长，成了大富翁。其间，他还救助了一个可怜女工芳汀，并把芳汀的私生女柯赛特收为养女。后来，柯赛特和一位法国革命青年结了婚，而冉·阿让又把所有的财产留给了他们，自己则在孤寂中死去。

冉·阿让的坎坷境遇和悲惨命运，使得在战

乱中流亡的吴大观心潮难平，尤其是“人生是施与，不是索取”这句话，对吴大观触动非常大。

看完电影之后，吴大观对雨果的小说产生了浓厚兴趣，立刻赶到书店买了一本中英文对照版的《悲惨世界》。

回到住处，在摇曳的灯光下，吴大观找到了雨果写下的那句话——“人生是施与，不是索取。”

冬夜深深，同学们都已酣然入梦，而吴大观还在反复诵读，反复思考……

从此，这句话就成了吴大观的座右铭。

吴大观和同学们离开广州，到了香港。然后从香港坐船，向西穿过琼州海峡和北部湾，在越南海防市上岸后，改乘火车朝着西北方向前行。

一路长途跋涉三千多里，直到四月底才抵达昆明。

昆明位于我国西南部，地处偏远，战火难及，社会环境比较稳定，是抗日战争的战略大后方。

南迁昆明后，“国立长沙临时大学”改名为

“国立西南联合大学”（简称“西南联大”）。到五月四日正式开始上课时，学校师生只有大概三百人。

战火中诞生的西南联大，教学条件极为简陋，学生宿舍都是临时租借的房子，大多是草顶土墙。房间里只有简易木板床是由学校配备的，其他诸如桌子、椅子等都要学生自己想办法解决。

吴大观的宿舍是一家盐行的旧仓库，里面空空荡荡，还散发着浓浓的潮湿霉味。他和同学们四处寻觅，找来一些破旧的木箱子，勉强拼出一大一小两张“桌子”。他们就趴在上面读书写字。

把被褥在床上铺好，吴大观才得以坐在床边，仔细观看这间宿舍：房子破旧不堪，土墙上的白灰一片片脱落后，留下的图案犹如一幅幅形状各异的地图；屋顶上挂满了蜘蛛网，上面粘着密密麻麻的蚊蝇；土墙透风，草顶漏雨，窗户则是在墙上留出方洞，插着几根带皮的树枝杈当窗棂。此时，吴大观不由得想起了杜甫的“茅屋”和刘禹锡的“陋室”。

昆明的雨季来得早，尤其是遇到倾盆大雨，

屋子进水，床就变成了“船”，一片片油布、一个个脸盆都成了“抗洪救灾”的工具。为了防止屋顶漏雨打湿被子，同学们就撑着雨伞睡觉。

尽管条件艰苦，但大家都非常乐观。他们还在床头贴上几张名人肖像和电影海报，装点美化一下居住环境。吴大观则把自己的“座右铭”工工整整写在纸上，贴在了床头。

与此同时，这些年轻学子的课余生活也颇为丰富多彩：讲演会、讨论会、戏剧、歌咏、球赛、集体旅行等等，都蓬勃一时。

西南联大虽说不收学费，但吃饭穿衣等日常花费还需要学生自己承担。对那些家在战区或者没有生活来源的困难学生，经过严格审批，学校可以提供贷款，每月十七八元钱。交上伙食费之后，还能留下些许零花钱。战乱时期，食堂的饭菜粗糙简单，只能果腹，谈不上什么味道。

吴大观和同学们很羡慕街上拉黄包车的车夫，他们虽然白天辛苦，但到了晚上，可以坐到小餐馆里，要份炒猪肝或炒干巴（菌类），再喝杯小酒，倒也十分惬意。而他们这些穷学生，即使想解馋，也只能买份炒白菜，如果能要份炒鸡蛋，那就是很奢侈的美味了。对于肉菜，他们想都不敢想。

昆明被称为“春城”，倒是名副其实。这里四季如春，没有寒冷、炎热之虞，这对穷学生们有个极大的好处：不用购置棉衣，省了不少钱。

为了更省钱，吴大观一年四季不穿袜子。光脚穿鞋，难免带进沙子，硌得脚板生疼。他走起路来，经常斜斜歪歪，像一个跛脚汉。

当时，西南联大设有文学院、理学院、工学院、法商学院、师范学院五所学院，师生人数虽然不多，但有很多著名的老师，如朱自清、胡适、闻一多、钱锺书、吴大猷等等，都是各个学科专业的泰斗。即使在战火纷飞、极其艰苦的条件下，他们也始终坚持严谨的治学态度，树立优良学风。

他们，共同缔造了西南联大的辉煌岁月。

三根火柴

大学一年级时，吴大观就读的机械系也有化学实验课程。

做实验的器具十分简单：一个小盘子，一盏酒精灯，几支玻璃试管，旁边放着火柴盒。由于抗战期间物资匮乏，火柴盒里面仅有三根火柴。

第一次做完实验后，吴大观把剩下的一根火柴，连同火柴盒随手扔进了垃圾桶。

下课后，当他把实验器具交回库房时，管理员问道："火柴都用完了吗？火柴盒呢？"

吴大观当时并未在意，随口说了一句："你要那玩意儿干什么？"

让吴大观没有想到的是，他这句话，却犯了

一个大错误。

管理员立刻向化学老师报告了。

这位老师名叫杨石先，是西南联大化学系主任，后来做了教务长。

杨老师把吴大观叫到办公室，一进门就厉声责问："你发什么大爷脾气？"

杨石先是北方人，担任过天津南开大学化学系主任，"大爷"这两个字是北方话，吴大观弄不懂是什么意思，但他从杨老师的神色判断，"大爷"这个词语肯定不是什么好词，于是他马上认错。

嘴上虽说认错了，但吴大观并不明白错在了什么地方。

杨老师继续责问："三根火柴都用完了吗？火柴盒怎么扔掉了？你不知道现在国家正是抗战时期吗？学校经费这么艰难，一根火柴也来之不易，你怎能随随便便就扔了？下次如果你再扔掉一根火柴，我就停止你的化学实验。"

直到这时，吴大观才明白是因为扔掉火柴盒的事情。他连忙检讨自己，并郑重地说："我马上把火柴盒找回来，下次绝不会再浪费！”

国难当头，物资匮乏，像杨石先那样的教授，对几根火柴竟是如此珍惜。这件事让吴大观终生难忘：勤俭节约，决不糟蹋一分钱！

吴大观出身贫寒之家，直到在西南联大读书时，他才有了第一双皮鞋。

为了防止磨损，皮鞋后跟钉上铁钉。但穿得久了，鞋内阻隔铁钉的皮垫磨掉了，走路时间一长，钉子就从鞋底钻了出来，把脚后跟扎出血。于是，他走一段路就要脱下鞋，找一块石头，“砰砰砰”把钉子敲回去，再继续走路。时间长了，吴大观发现，自己的脚后跟为躲避这颗钉子，居然形成了一个粗糙的凹坑。

“人的生命力、人的适应能力，有多强啊！”摸着脚后跟上那个粗糙的凹坑，吴大观感叹不已。

上晚自习，要去图书馆。图书馆设在一个大库房里，面积不大。学生太多，天未黑，馆外便站满了人。门一开，大家蜂拥而入。吴大观常常找不到座位。

怎么办呢？他想出了一个办法。

每当图书馆没有了座位，吴大观就去学校旁边的茶馆里，花一枚铜钱（当时1块银圆大约兑换130枚铜钱），要上一壶茶。老板娘把茶壶放在炉子上，就转身而去。有了这壶茶，他就可以在这里理直气壮地看书学习。

晚上茶馆里总是客流不断，熙熙攘攘，吵吵闹闹，但吴大观却能静下心来读书、写作业，抗干扰能力极强。直到晚年，这种能力还保留着，家人们看电视时说说笑笑，他照样工作、读书，一点儿也不受影响。

颠沛流离的生活，艰苦的学习条件，并没有难住吴大观，反倒让他更加坚强自立。他在日记里写道："一个人必须有点儿精神，必须让自己活得更有价值。"

从一九三七年八月中华民国教育部决定组建"国立长沙临时大学"开始，到一九四六年七月三十一日"国立西南联合大学"停止办学，西南联大前后共存在八年零十一个月。

在此期间，西南联大为国家培养了一大批卓有成就的优秀人才——诺贝尔物理学奖获得者杨振宁、李政道，“国家最高科学技术奖”获得者黄昆、刘东生、叶笃正、吴征镒、郑哲敏，“两弹一星”功勋奖章获得者赵九章、郭永怀、陈芳允、屠守锷、杨嘉墀、王希季、朱光亚、邓稼先等。这些优秀人才，为中国和世界的科技发展进步做出了杰出贡献。

吴大观，也是其中一员。

我心飞翔

当初进入“国立长沙临时大学”，吴大观就读的是机械系。迁到昆明“国立西南联合大学”后，吴大观被分在了工学院，仍然是在机械专业。

那时，西南联大各学院并不在一个校区，而是分布在昆明的不同方位。吴大观所在的工学院位于昆明城南，借用当地两个会馆作为教室。

偶然，吴大观在书店里看到一本书——《飞机翼下的世界》。翻开封面，目录里的文字就像一块块磁石，牢牢地吸引住了他：“征服天空的前奏曲”“飞机是怎样飞的”“飞机的种类”“比赛和记录”“飞机与战争”“世界重要的航线”……

捧着这本书，一幅幅画面又在吴大观眼前闪过：儿时在花丛间盯看蝴蝶的翅膀，站在门前仰望天空的飞鸟，万户和徐正明的故事，日军飞机的狂轰滥炸……他的心顿时又“飞翔”起来！

虽然囊中羞涩，但他还是咬咬牙，买下了这本图文并茂的书。

春城昆明，花草繁茂，蜂飞蝶舞。每到周末，吴大观就会前往郊野，观察昆虫展翅，端详鸟儿翱翔，并且开始收集各种昆虫的翅膀。他已经强烈地意识到，每一种翅膀都隐藏着一份奥秘。

他用一个小本子，把精心采集的昆虫翅膀一页页夹起来，并编上了1号、2号、3号……

吴大观曾经看到一种奇特的鸟，飞着飞着，突然就悬停在空中。这种鸟的个头儿比喜鹊还要大很多。

他离开昆明后，再也没有看到过这种鸟，但他心底一直清晰地铭记着那种独特的飞翔……

烽火熊熊，硝烟滚滚。抗日战争，愈演愈烈。

云南是中国抗日战场的战略大后方，昆明是

为抗战前方军队输送国际援华战略物资的基地，因此也就成了日军飞机轰炸的重点目标。

一九三八年九月二十八日，日军飞机第一次轰炸昆明。

那天，吴大观和几个同学正在学校外散步，突然响起了刺耳的警报声。附近的百姓一片慌乱，四处奔逃，许多人藏身在一片小树林中。

很快，九架日军飞机像乌鸦一般飞到昆明上空，鬼魅般的黑色炸弹随即从天而降。昆明城顿时火光四起，爆炸声、哭喊声连成一片。有一颗炸弹砸向小树林，顿时惨叫声不绝于耳。

从此，凄厉的防空警报不时响起，“跑警报”成了西南联大师生们日常的课程。

初创的西南联大，校区内没有防空洞。每当防空警报传来，同学们就冲出教室，奔向郊野。

每次“跑警报”，吴大观总要提上一个布兜，里面装着书本和计算尺。他趴到草丛里，还在看书、计算。学习理论，琢磨飞翔，是他心中的重中之重。

一阵狂轰滥炸之后，日本军机总是呼啸着扬

长而去。

由于中国缺少战机，对日军飞机无计可施。为此，吴大观常常睡不着觉，更坚定了为祖国造飞机的决心。

但是，吴大观还没有近距离地看过飞机呢。

幸好，他有一个同学是航校飞行员。于是，他就再三央求这位同学。

坐落在昆明郊区巫家坝机场附近的航校，原本是国民政府空军的杭州笕桥中央航校，因为战乱迁到了昆明。

那位同学告诉吴大观，我们虽有空军战机，但是数量少、质量差、飞不高、飞不快。中国工业基础薄弱，连飞机的维修都无法保障，导致本就不多的战机常常不能升空作战。

吴大观的心，再次被深深地刺痛了。

看着停机坪上那些银光闪闪的飞机，吴大观心里升腾起一股热浪。他想象着自己坐进了机舱，驾驶飞机轰然飞上天空，冲着日军战机猛烈射击……

他又想起了万户和徐正明的故事，想起了

蜻蜓、蝴蝶、鸟儿的翅膀，想起了日本军机对中国土地的狂轰滥炸，想起了为祖国造飞机的夙愿……

这时，吴大观做出了一个重大决定："我要转系，学习航空！"

他的这个决定，既有个人兴趣和爱好的原因，也有目睹日军飞机大轰炸给老百姓造成苦难的切肤之痛，更有对中国航空落后挨打的愤懑！

当时，吴大观已经是西南联大机械系四年级学生，即将毕业。但他决定向学校申请：转进航空系三年级，多念一年再毕业。

吴大观拿着自己的成绩单，直接找到了航空系主任王德荣。

"王老师，我要转到航空系！"说着，他递上了自己的成绩单。

王老师接过去，翻一翻，没有表态。看来，仅靠成绩单还不足以打动王老师。

第二天，吴大观带上那个夹满各种昆虫翅膀的小本子，又来了。

"王老师，请您看看这个，这都是我收

集的。”

王德荣接过去，打开一看，顿时一脸惊喜，连声说道：“好好好！你就来航空系学习吧！”

于是，吴大观从机械系转进了航空系，掀开了他人生的崭新一页，也为他一生从事航空发动机研究打下了基础。

他的心，真正飞翔起来！

吴大观的老师中，有一位来自清华大学的教授，名叫刘仙洲，教授课程是机械原理。

在吴大观读大二时，刘先生从香港来到西南联大，第一次上课时就对同学们说：我们读书是为什么呢？现在是为了抗日救国，将来是为了报效国家。

刘老师还分析了抗日战争的形势，讲得非常有激情。同学们听得热血沸腾，备受鼓舞。

西南联大的教授，虽然大多从英国、美国留学归来，但他们没有西装革履，全是长衫大褂，保留着鲜明的民族本色。他们为了国家，为了抗日，毅然决然放弃国外优越的生活和工作环境，受聘到国内这样一所处在战火中、教学和研究条件十分简陋的学校教书，甘愿过清贫的生活。

还有一位金希武老师，教授发动机设计、制造课程。他给同学们介绍了国外发动机方面的很多新知识，包括“二战”欧洲战场上击落下来的德国飞机最先进的工作原理。

金先生总是对同学们说，这些东西，现在看来很新颖、很先进，但很快就会更新。他反复告诫大家，一定要多阅读一些科学技术方面有影响力的刊物，随时了解和掌握国外科学技术的发展情况。

金先生的这些话，深深地影响了吴大观一生的科研生涯。

吴大观越来越坚定：“航空报国”，就是自己未来的人生！

“乌鸦洞”

一九四二年，吴大观从西南联大航空系毕业。

毕业时，他们班上共有二十五名学生。但是，走向社会后，多数同学改行了。这是因为研究航空，尤其是研究飞机发动机，实在太难了。

唯有吴大观，矢志不渝，追逐梦想。

吴大观在拿到毕业证的同时，也收获了爱情。

华允娥，是吴大观在扬州中学的同学，但那时学校分为男子部和女子部，男女同校却不同班，他们两人并不相识。

华允娥中学毕业后，就读于师范学校，后来成了小学教师。

日本军队打到江苏的时候，为了不当亡国奴，华允娥历尽艰辛，最终也辗转到了昆明。她先是在同济大学读书，后来到了清华大学（西南联大成立后，清华大学的五个特种研究所在昆明独立办公）的会计处工作。

在一次扬州中学的同学聚会时，她遇到了吴大观。

“这真是一份机缘。”后来吴大观经常说：没有抗战，他不会上大学，也不会与他的爱人认识。

吴大观毕业之时，他们举办了婚礼。

婚礼在工学院附近的一个小餐馆举行，没有美味佳肴，只是简单置办了一些点心、茶水。除了老师，还有三十多位同学参加。烽火连天的战争时期，他们的婚礼简朴而热闹。

从此，吴大观和华允娥相依相伴，走过了风风雨雨半个多世纪。

毕业之后，吴大观开始找工作。

当时，他有两个选择：一个是做生意，另一个就是继续追逐自己的人生梦想。

吴大观毫不犹豫地选择了逐梦航空。

抗日形势十分严峻，急需飞机参战，中国兴办航空工业迫在眉睫。

一九四一年，国民党当局购买了美国发动机专利，在贵州大定县（今大方县）羊场坝山区创建了中国第一家航空发动机制造厂，着手制造“塞克隆G105型”和“旋风式G150型”航空发动机。这两种型号的发动机，都是活塞式，用于螺旋桨飞机。

吴大观的一位同学在大定发动机厂工作，邀请他前往加盟。

于是，吴大观带着新婚妻子华允娥，踏上了去大定羊场坝的路。

同行的还有两对新婚夫妻：梁守槃夫妇和潘延龄夫妇。其中，梁守槃先生是美国麻省理工学院的硕士，回国后在西南联大机械系任教，教授吴大观内燃机课程。

他们六人分乘三辆卡车，前往贵州大定。道路沿山而筑，极为难走，汽车颠簸得非常厉害。摇摇晃晃中，突然咣当一声，吴大观的书箱颠落下来，滚进山沟，摔得七零八落。大家赶紧下车，一起帮他找东西。吴大观最先捡起的是那个夹着昆虫翅膀的小本子。他用衣袖擦去上面的尘土，说：“这个宝贝可不能丢。”

大定县位于贵州省西北部，境内山峦重叠，沟壑纵横，河谷交错。域内山穷水恶，非常贫困，而且遍地土匪，祸害百姓，民不聊生。

他们三对夫妇到达羊场坝之后，由于梁先生是老师，工厂另外安排接待。吴大观夫妇和潘延龄夫妇则住在老乡的茅草房里，且仅有一间可供居住。

无奈，两家人只能在房子中间拉上一根绳子，把被单挂在上面，做隔断使用。

两对夫妻住了一个星期，实在不方便，工厂就临时给他们两家各建了一间房子。虽然新建的也是茅草房，但毕竟有了独立的空间。可是，附近没有厕所，仍是一件尴尬事。

初期，吴大观水土不服，拉肚子。他半夜起来，到一个小山坡后面上厕所。这时，一大群土匪“呼啦呼啦”从他身边跑了过去。一会儿，就看到对面山上火光冲天，鸡飞狗叫。回屋里时，吴大观赶紧在路边搬了一块大石头，抵在了屋门后面……

虽说这里是“中国历史上建立的第一个航空发动机厂”，但厂房是在峭壁之下一个名叫“乌鸦洞”的大山洞里，航空发动机的加工车间就建在里面。

一个现代化的航空发动机工厂，之所以要建在这里，是因为这里山高沟深，山洞隐蔽，秘密又安全。

“乌鸦洞”非常大，宽度和深度都超过100米，洞高约60米，洞内是一个长50米、宽80米的空旷场地。厂房共有三层，底层是各类仓库，中层是机工车间，上层是总装车间。

“乌鸦洞”里有一种像跳蚤的昆虫，人被叮咬后，奇痒无比，防不胜防。

羊场坝“乌鸦洞”的条件虽然非常艰苦，但这里有从美国运来的各种先进机床。虽然设计资料不够详细，但工艺资料完整，学习和实践条件比学校好得多。只是那时都是活塞式发动机，用于螺旋桨飞机，而当时世界上最先进的技术，已经是喷气发动机。

但这足以让吴大观满意，每天兴致勃勃、血气沸腾。

他主要负责接收从美国运来的资料，工艺规程、技术图纸等等，全由他一个人管理。他就像一个饥饿的人扑到面包上一样，时时都沉浸在兴奋和欲望之中。

虽说工厂地处荒凉的崇山峻岭，却是人才济济，高手如云。单说从国外回来的留学生就有八位：厂长李柏龄从美国留学归来，副厂长戴安国从德国回来，总工程师李耀滋毕业于美国麻省理工学院，钱学渠是著名科学家钱学森的堂兄，还有机械加工专家张汝梅、曹有诚、程嘉垕、梁守槃等，都是从欧美留学回来的硕士、博士。

这一群学贯中西的科技精英，放弃了国外优越的生活条件，汇聚在荒凉艰苦的“乌鸦洞”，抱着发展中国航空工业、航空救国的信念，兢兢业业，不辞劳苦，实在令人惊叹！

“乌鸦洞”工厂，发电用的是老式柴油机，为了节省柴油，每天晚上只有七点到九点发电照明，其他时间就要使用煤油灯了。

吴大观白天接收资料、校对图样，晚上下班之后还要把有关资料、图样带回家，边看边抄边学习。

夜深人静，窗外蛙虫们早已停止了鸣叫。妻子夜半醒来，看见他还在煤油灯下抄录资料，便催促他休息。他“嗯嗯”应答，笔尖仍在纸上唰唰作响……

第二天起床后，华允娥发现，吴大观的两个鼻孔，早已被煤油灯的烟气熏得黑乎乎。

一年之后，华允娥诞下千金。

吴大观初为人父，满心欢喜。他把女儿抱在怀里，亲吻了一下她稚嫩的小脸，说道：“等你长大了，也要跟着爸爸造飞机哟！”

当时，正赶上出图纸，吴大观工作特别紧张。有了女儿以后，他要照顾爱人坐月子、带孩子、做家务，但他带图样回家加班的习惯没有改变。

晚上，妻子和孩子睡在床上，他就把图样铺在地上校对，第二天再带回工厂。

就这样，两年时间里，他潜心研究了美国莱特公司的活塞式发动机的整套技术资料，全面地掌握了当时世界上比较先进的航空发动机工艺技术。

终于亲眼看到你

第二次世界大战期间，美国出台了一个“租借法案”：美国向与法西斯国家作战的盟国出借或出租武器、弹药、战略原料、粮食及其他物资。

中国和美国是抵抗德日法西斯的同盟国，并且贵州大定航空发动机制造厂购买的是美国专利技术，所以美国要为中国培训一批专业人才，包括空军飞行员和航空工业方面的技术人员。

一九四四年夏天，工厂决定选派人员到美国接受培训，学习航空发动机的制造技术。

选定的二十人名单中，吴大观赫然在列。

这是一次从东半球到西半球的漫长行程。

吴大观一行人先后乘坐飞机、火车、运输舰，辗转半个多月，终于抵达了华盛顿。

他们学习的第一家工厂，是坐落在宾夕法尼亚州威廉斯堡市的莱康明航空发动机厂。这家工厂主要生产小型航空发动机。中国购买的专利，正是来自这里。

当时，派到美国学习的人员，有的专攻汽缸，有的负责活塞、曲轴、连杆等各种附件。吴大观呢，还是老本行——设计，就是试验工程师工作。

美国这家工厂规模不大，但“麻雀虽小，五脏俱全”，从零部件制图到整台发动机设计性能计算，从部件试验到整机试车，应有尽有。

他们在这里经过了系统的培训，基本熟悉了活塞式发动机设计的全过程。

半年之后，领队提出，还有一个专业需要掌握，要吴大观去学习。

吴大观说：“我学这个试验工程师就可以了，再学别的恐怕难以胜任。”

领队说：“你可以的，要服从安排。”领队

这是看上了吴大观，认为只有他可以学得多，学得好。

“具体学什么呢？”吴大观问。

“齿轮。”领队说。

那时，齿轮技术比较先进，有很多新领域和新理论。于是，在这家工厂，吴大观用了一年多时间，在接受试验工程师培训之外，又学习、掌握了全部齿轮加工技术。

早在西南联大上学的时候，吴大观就听金希武老师介绍过，在美国有这样的一份技术刊物SAE（也是美国机动车工程师学会的缩写）。现在置身美国，吴大观可以时时阅读这份刊物。从这些文字里，吴大观系统地掌握了喷气发动机的技术原理和发展情况，这为他以后从事航空发动机设计、研究进一步奠定了理论基础。

一九四六年，在威廉斯堡市学习期间，吴大观加入了美国机动车工程师学会。

在这里，吴大观深切地感受到，美国科学家对于最新技术的消化、吸收能力很强。当时，欧洲战场盟军击落了一架德国飞机，美国马上派出专业人员将其整体运到美国，进行详细拆解、分析研究，获取到一项核心技术，然后在此基础上再进行改造、升级。

吴大观意识到，这种始终追赶最新技术的做法，非常值得学习。

后来，吴大观又去了两家工厂，深入学习齿轮加工的刀具、剃齿、研磨齿等技术。在普拉特·惠特尼（简称普·惠）航空发动机公司，他继续寻找齿轮的最新技术，想方设法从中获得整体的规范资料。

普·惠公司规模巨大，每年生产上万台各种类型的发动机，这在全世界首屈一指。

正是在这里，吴大观看到了梦寐以求的喷气发动机。而过去，他只是在杂志上看到过图片。

吴大观深情地抚摸着喷气发动机，像是抚摸自己亲爱的孩子。这些凉冰冰、硬邦邦的铁疙瘩，在他眼里是那么温柔和芳香。

当时，研制航空涡轮喷气发动机，即使在美国，也尚属起步阶段。

在车间里，吴大观又见到了喷气发动机离心式压气机叶轮和涡轮部件。他非常好奇：这是在制作什么东西？

很快，他猛然明白：那是世界上最先进的喷气发动机——燃气涡轮喷气发动机！

吴大观不禁悲从中来：中国现在连活塞式发动机还制造不出来，哪年哪月才能制造出喷气发动机呢？

除了在工厂里学习，吴大观还大量阅读各种相关杂志和书籍，获取最新的喷气发动机知识。这为他后来从事喷气发动机的研究，打开了一个宽阔的窗口。

他在工厂里经常加班，有时接连上两个班。这样分秒必争，就是要多观察、多掌握各种相关知识。除了齿轮加工，他还学到了凸轮轴加工等技术。

下班回到住处，他还要打一场篮球、游泳半小时，坚持锻炼身体。

“科学研究，艰难困苦，既要有丰富的知识，也要有强健的身体。二者相辅相成，缺一不可。”吴大观后来经常这样告诫他的学生们。

威廉斯堡的记忆

威廉斯堡市是一个万人左右的小城，居民淳朴热情。

吴大观一行到达美国后，莱康明航空发动机厂按照合同把接待任务交给了地方。于是，市政府安排部分居民照料他们的生活。

吴大观和另一位同学吴宗岱，由同一个家庭负责照料。这个家庭的男主人亨利，在一家工厂担任会计，其夫人是教师，家里还有两个读初中的女儿。亨利一家对他们非常友善，时常邀请他们一起去郊外游玩、参观。

没想到，当地的妇女会要邀请吴大观去给她们做报告。这个妇女会成员大都是一些年长的女性，常常举办一些社会活动。

开始，吴大观推辞说：“我是来学习的，怎么能够做报告呢？”

她们说，就是要他讲讲日本侵略者的暴行，以及中国人民的抗日故事。

吴大观想，正好可以利用这个机会，向美国人民宣传中国人民的抗日斗争，为国家争取更多的支持力量，于是就答应了。

吴大观从报纸上搜集了一些资料，再结合自己在国内的亲身经历，给妇女会先后进行了两次讲座，重点讲述日本侵略者的滔天罪行，以及中国人民英勇抗日的决心和行动。

讲到动情处，吴大观时时热泪盈眶，台下听众也都潸然泪下。

不久，吴大观再次接到邀请，让他谈谈中国的孔子和儒家思想。

为了讲好这个主题，吴大观认真准备，写出了详细的演讲稿。

两个多小时的演讲，掌声如潮，久久不息。

之后，工作人员郑重安排宴请吴大观，特意

请他品尝烤火鸡，以此表示对他的尊重和感谢。

对美国人来说，烤火鸡是一道盛情大菜，重大节日必不可少。席间，他们还准备了酬金，但吴大观婉言谢绝了。他说：“我来讲中国文化，是为了增加中美两国人民的交流，不会收钱的。”

于是宾主举杯，共祝友谊长存！

在离开威廉斯堡市的时候，亨利请吴大观和吴宗岱在家里共进晚餐。晚餐的主食，竟然是中国面条。那是亨利先生和夫人特意学习的手艺。

在美国，吴大观还有另外一段美好的记忆。那是在纽约，他穿着军装，提着一个皮包，在地铁站台等着换车。这时，有一个美国小姑娘，看起来十五六岁的样子，非常活泼可爱。她跑到吴大观面前恭敬地说：“先生，有什么需要帮助的吗？”

吴大观亲切地说：“谢谢了，我的包很轻，自己可以拿的。”

但小姑娘不由分说，接过他的皮包，热情地问他要到哪里去，然后一直把吴大观送到了要去的地方。

大多数美国人都很友好，但也有少数人傲慢自负，看不起中国人。

一次，吴大观去理发。理发馆里面有一个长凳子，人们依次坐在上面，算是排队。吴大观前面有五个人，等轮到他的时候，理发师却直接让后面的人先去理发。

吴大观质问理发师："怎么不让我理发？"

理发师根本不搭腔。真是气人啊！

作为一个中国人，怎能受得了这种欺辱？吴大观愤然而去！

在世界舞台上，祖国的强盛，就是国民的尊严！

风雨飘摇这一年

一九四七年一月初，吴大观结束了在美国的学习。

回国前，几位朋友劝他："目前的中国，还不具备搞航空发动机的条件。我们的专业，只有在美国才有用武之地。"

吴大观说："的确，中国目前落后，但如果我们都不回去，咱们中国什么时候才能制造出自己的航空发动机呢？我是中国人，我一定要回祖国！"

当初前来美国学习的伙伴，大多数留在了美国。和吴大观同行回国的，仅有六个人。

他们从威廉斯堡乘火车到华盛顿，然后换乘

火车前往新奥尔良，再从那里登上远洋货轮……

这艘货轮，就是美国专为第二次世界大战运送物资的“自由号”，先从大西洋向南途经古巴，然后穿过巴拿马运河，进入太平洋。货轮要航行两个月，才能到达上海。

货轮上空间不大，时间久了非常寂寞。别人都在打牌消磨时间，吴大观则举着照相机，四处拍照。旭日晚霞，蓝天白云，翻卷的浪花，逐船而飞的海鸥，庞大的鲸鱼，凶猛的鲨鱼，都成了他拍摄的主题。

在这次漫长的航行中，吴大观逐字逐句读完了一本美国最新出版的《齿轮设计》。这本厚厚的专业书籍，每一页都有数字、符号、表格、图形，内容非常枯燥，吴大观却兴趣盎然，像是在读一本引人入胜的小说。

在美国的两年，最初吴大观的月薪是一百六十美元，一年后涨到一百九十美元。美国的物价虽然比较低，但他每天一包烟要一美元，三顿饭将近两美元。除去日常开销，每月所剩无几。

回国前，吴大观的积蓄大部分用来购买书籍

资料和杂志，也给妻子和女儿买了几件用品。

回国时，他的口袋里只剩下五十美元。

然而，这区区五十美元，刚刚回到祖国，却被歹人骗走了。

那是一九四七年三月，货轮终于抵达了上海港。吴大观一行人还没有下船，就有人乘着小船来到轮船上。来人一脸严肃地说："政府规定，必须把美元换成法币（当时国民政府发行的纸币）。"

口气严厉，不容分说。

他们几个人只能照办。由于长期在国外，他们并不清楚美元和法币最新比价，就这样稀里糊涂地兑换了。实际上，由于当时国民党军费大增、财政恶化、通货膨胀，法币已经接近崩溃，贬值到了抗战前的数万分之一。这五十美元换来的五千法币，在当下只能购买一个鸡蛋。

上岸后，妻子得知此事，不由得痛惜："你上当了，那是一伙骗子！"

吴大观摇头叹息，无可奈何。

在上海休息几天后，吴大观要前往南京航空管理部门报到。由于妻子的家人在南京，他就带着家人同行。

当时，贵州大定发动机制造厂准备在广州成立分厂，便安排吴大观前去广州，进行筹建。

筹建新厂，无法安家。吴大观只好把妻子女儿又送回上海。

不料，回到上海之后，女儿生病了，发热、憋气、声音嘶哑。夫妻俩只是给孩子吃了一些治疗嗓子的西药，没有及时就医。

两天后，女儿病情加重。他们这才慌忙地把孩子送进医院。

经过诊断，确诊是白喉，急需注射白喉血清。但这种药剂价格昂贵，医院没有库存，需要他们自己购买。

女儿躺在诊疗床上，“呼呼呼”地大口喘气……

仅有的积蓄，已经被人骗去了，囊中羞涩。吴大观和妻子心急如焚，不得不四处告借。治疗的最佳机会，被耽误了。

第二天，当他们拿着药，急匆匆跑到医院时，孩子已经停止了呼吸。

吴大观两眼发黑、天旋地转，扑通一声跌坐在地上。而妻子，早已昏厥过去……

丧女之痛，心如刀割！

忍受着这刀割般的悲痛，吴大观和妻子一路含泪，前往广州，着手航空发动机分厂的筹建工作。

三个月后，国民党当局日暮途穷，发动机厂面临解散。

大家人心惶惶，纷纷寻找未来的出路。

对于吴大观来说，这实在是风雨飘摇的一年：漂洋过海归国来，先是被骗走了仅有的积蓄，接着又失去了唯一的孩子，眼下又面临失去工作，而且“航空救国”的梦想也看不见前景。

人生之路，该走向哪里呢？

吴大观有一位同学，名叫董寿莘，是发动机及核工程专家，两个月前就离开广州，去了北平。西南联大的老师、喷气推进专家宁榥教授，也回到了北平。恰在此时，董寿莘给吴大观来了一封信，邀请他去北平教书。

吴大观思忖，自己“航空救国”的梦想虽然一时受挫，但可以把学到的知识传授给学生。

暂去校园，等待机会。

“决不向南逃跑！”

一九四七年十月，吴大观和妻子一起离开广州。

他们先到武汉，再坐船沿长江回到南京。妻子有孕在身，需要留在南京待产。

此时，人民解放战争已经打响，通往北平的火车停运，吴大观只能乘坐飞机。但是，战争期间，机票一票难求。

吴大观多方托关系，总算买到了一张从南京飞往北平的机票。

透过舷窗，他看到机翼下云涛如海，苍茫一片。

到了北平，吴大观暂时住在同学董寿莘家里。

而董同学，已经悄悄加入了中国共产党。

董寿莘带着吴大观，拜访时任北京大学工学院机械系主任的宁榥老师。经过一番交谈，宁榥介绍吴大观担任了北京大学工学院讲师，讲授航空发动机设计、发动机齿轮设计、机械原理和机械制图四门课程。

吴大观住在学校集体宿舍，同事中有宋硕、李学智、赵树林、樊恭然等老师。后来他才知道，这些人大都是中国共产党地下组织成员。

就这样，吴大观得到了学校地下党组织的关注。他们感觉吴大观思想进步，一心想为祖国做贡献，于是就带着他参加活动，后来还选举他担任了“教师联合会”主席。

一天，北京大学在沙滩校区开会。校长胡适首先讲话，大意是：看到时局的发展，动员大家坐飞机离开，随他一起南下。

与会者大都表示反对：北大这样一所名校，应该秉承“民主与科学”的光荣传统，弘扬文化，坚守校园，勇于争先！

随即，吴大观代表教师上台发言，郑重声明：

“我们广大教师是爱国的，坚决要留在北平，决不向南逃跑！”

此后，吴大观积极组织师生演出话剧，还请来费孝通、潘光旦等进步教授做报告。

奔赴解放区

一九四八年春天，妻子华允娥带着刚出生几个月的女儿嘟嘟，从南京来到北平。

一家人欢欢乐乐，又开始了新生活。

八月底的一天，吴大观正在家里看书，助教袁永厚急火火地跑过来：“据可靠消息，你上了北平市公安局的‘黑名单’！”

吴大观顿感情况不妙，刚要说话，袁永厚就问他：“吴先生，您想不想去解放区啊？”

自从来到北平，吴大观就经常听人介绍解放区的情况，并且心生向往。这时一听说去解放区，他又惊又喜，立即答应说：“去解放区啊，太好了！我早就想去了！”

“具体去哪里呢？”吴大观又问。

袁永厚说：“去石家庄吧，那里在去年十一月就解放了，是离北平最近的解放区。”

吴大观欣然同意。

随即，吴大观开始准备：定制衣服、制作身份证件、斟酌出行路线等等。因为他已经受到警方监视，要想拖家带口离开北平，困难重重，稍有不慎就会招致危险，必须做到滴水不漏、万无一失。

准备工作，秘密进行了两个多月。

为了不暴露真实行踪，吴大观声称母亲病重，要回上海探望。

请假获得批准。十月底，吴大观带着家人，悄然离开学校。

当时，吴大观的一个弟弟原来在贵州读医科大学，毕业后到北平投靠哥哥，但一直没找到工作，这次也要和他同行。

他们一家四人，要先从北平乘火车到天津，然后再辗转前往解放区。

出发时，吴大观装扮成做照相馆生意的商人。

他们顺利到达天津，在地下党组织的安排下，住宿一夜。第二天清晨，他们改乘火车，向南行驶。当时，平津战役即将打响，火车只能通到天津静海县境内的唐官屯车站。

下火车后，他们换乘马车，继续向南。

初冬时节，天气寒冷，田间的庄稼早已收割干净，大地空旷寂寥。坐在颠簸的马车上，吴大观心里却是暖意满满、兴致勃勃。眼前弯曲扬尘的土路，也变得平顺闪亮。

他知道，希望就在前方。

夕阳西下，暮色涌起。晚上，他们住在路边的车马店。

“明天再过一条河，就是解放区了！”吴大观兴奋得彻夜未眠。

东方刚现出鱼肚白，吴大观一家又上了路。当晚赶到沧县。

第二天中午，终于到达泊镇。

泊镇，是京津方面进入解放区的第一个中共党组织工作站。这里汇聚了不少来自北平的民主人士和青年知识分子。

由于仍是战争期间，为了身处国统区的家属安全，遵照党组织的建议，他的名字必须做一下改动。

可是，改什么好呢?

忽然，他的头脑中突发灵感，闪现出一个吉祥的成语：蔚为大观。

是的，此前他的名字是吴蔚升。现在，蜕变和升华为吴大观。

吴大观，从此开始了崭新的人生！

从泊镇一路向西，日夜兼程，大约一百五十公里，便是此行的目的地——石家庄。

石家庄，是华北人民政府所在地。在这里，吴大观见到了许多来自北平的学生和教师。他们一家，被安排住在华北人民政府交际处。

当天傍晚，华北军区司令员聂荣臻专门设宴招待吴大观一家——一顿热气腾腾的火锅涮羊肉。

聂荣臻亲切询问吴大观的专业。

“我原来研究航空发动机，先在贵州大定工作，后到美国学习，然后回国。”吴大观说，“我唯一的愿望就是将来造出我们国家的航空发动机，造出自己的飞机。”

听了吴大观的话，聂司令非常高兴：“造飞机好啊！虽然我们现在的条件还很差，等全国解放了，我们的日子一定会好起来。我们党对留过洋的知识分子格外看重，尽管你们在国外有着优厚的生活和科研条件，但你们还是毅然回到了苦难的祖国，实在令人敬佩。你们将来是国家和民族的栋梁，一定会大有作为！”

聂司令的一番话，给吴大观极大鼓励。

聂荣臻又关心地说：“吴先生，你们刚到解放区，如果还有什么要求，就提出来，我们一定会尽量满足。”

吴大观想了想说：“我倒是有一个要求。”他转脸看了看自己的妻子，郑重地站起来对聂司令说，“我想加入中国共产党！”

没料到吴大观会提出这样一个要求，聂荣臻沉思了一下说：“我应该怎么称呼你呢？”他站起来，握住吴大观的手，郑重地说：“吴大观同志！”

听到聂司令称呼自己为“同志”，吴大观激动得热泪盈眶，不知道说什么才好。

……

这一顿涮羊肉，热腾腾、香喷喷，比过去吃过的任何一顿美餐都要开心。聂荣臻的那一番话，更是深深地刻印在了吴大观的心底！

修理飞机

平津战役，已经拉开大幕。

一九四八年十二月，北平的和平解放事宜，正在细细碎碎却又轰轰烈烈地快速推进。

根据上级安排，吴大观和孟少农等同事一起，随同华北人民政府企业部先行来到了位于北平西郊的石景山，准备接管矿冶研究所。

一九四九年一月三十一日，北平和平解放。吴大观等人迅速入城，正式接管。

矿冶研究所里全是知识分子。巧合的是，其中还有一位和吴大观一起赴美的同事。一别数载又相逢，两个人先是一愣，随即紧紧握住了手。

此时，两人的身份完全不同了。吴大观是中

国人民解放军北平市军事管制委员会的干部，穿一身棉军装；而那位老朋友，则变成了被接管对象。虽然如此，但他们未来的目标一致：为新中国的建设贡献力量。

一九四九年十月一日，中华人民共和国成立了！

聆听着高亢嘹亮的国歌，仰望着迎风飘扬的国旗，吴大观激动得泪流满面！

像同时代许多爱国知识分子一样，吴大观尝过“落后就要挨打”的痛楚，感受过学成归国却英雄无用武之地的迷惘，更体味到了新中国成立后人民当家做主的喜悦。

不久，吴大观被调到中央重工业部。部长何长工，是一位从井冈山走出来的老革命家，曾经担任过抗日军政大学副校长。

十一月，重工业部成立航空工业局筹备组，吴大观被任命为筹备组组长，并被正式批准加入中国共产党。

“不研制出新中国的飞机发动机，死不瞑目！”吴大观暗暗下定决心。

一九五一年四月，航空工业局正式挂牌成立。吴大观和飞机设计师徐舜寿，分别负责发动机处和飞机处。

但在当时，新中国航空事业基础极其薄弱，只有从沈阳接收的一处老兵工厂，只能进行飞机修理和一些简单零部件的生产。

当时朝鲜战争爆发。美国组成所谓的“联合国军”，悍然越过“三八线”，一直打到中国边境鸭绿江边。美军飞机更是肆无忌惮地入侵中国领空，轰炸扫射东北边境城市。在这种情况下，中国人民志愿军跨过鸭绿江，拉开了抗美援朝、保家卫国的大幕。

吴大观和徐舜寿一起申请到沈阳去，到抗美援朝前线去，因为只有那里，距离他们的航空报国梦最近。

组织上批准了他们的申请。吴大观带着妻子和女儿嘟嘟，登上了开往沈阳的火车。

列车飞驰，吴大观的心情比飞驰的列车更加急迫。

沈阳到了，新的战斗岗位到了——一座老旧

的工厂，四周是野兔出没的荒草地。

但在嘟嘟眼里，这是多么美丽的草地啊！碧绿的草丛里，开满了五彩缤纷的小花，还有翩跹飞舞的蝴蝶。一只扇动着翅膀停滞在空中的小鸟，正在把尖尖的小嘴伸向花蕊……

“爸爸，这是什么鸟？为什么不会掉下来？”

“这是蜂鸟，它会悬停。”

“什么叫‘悬停’？”

“哦，你好好学习，长大后就知道了。”

……

航空工业局并没有开始研制飞机，因为当时抗美援朝战斗非常激烈，从朝鲜战场飞回来的战机们伤痕累累、残缺不全。全体人员的当务之急，就是组织修理飞机！

吴大观被派至111厂，主要负责发动机维修和零部件制造。

此前的一九五〇年二月，新中国与苏联签订了《中苏友好同盟互助条约》，关系进入非常友好时期。抗美援朝开始后，苏联向中国支援了一批“米格”战机，同时派出技术人员，直接参与到军机的维修中。

早在第二次世界大战时，苏联对维修飞机就有一套独特的办法：将飞机修理厂建在火车上，一节节车厢里安装着各种维修设备，火车开到一个合适地方，停下来，马上就可以直接开展工作。

当时，苏联的这一列火车，从莫斯科长途奔驰几千公里来到沈阳，停靠在工厂附近的铁轨上，作为“米格”战机的维修基地。

吴大观担任生产准备科科长，和徐舜寿、顾诵芬、刘多朴等同事在一起工作。

修理飞机的任务非常紧张，试车台昼夜不停地试车，飞机引擎时时发出巨大的轰鸣声，刺耳的噪声甚是扰民。附近老百姓很有意见，就来找吴大观反映说：“吴科长啊，飞机那个刺耳的巨响，震得小孩都睡不着觉，哇哇哭，就连鸡鸭鹅也被吓得生不了蛋啦！”

在吴大观的解释和安抚下，老百姓渐渐理解了他们的工作。

这期间，苏联向中国提供了不少新的喷气发

动机生产工艺资料。吴大观如获至宝，抓紧一切时间学习、消化。

这样，来自美国和苏联的最新技术，在吴大观的头脑中，悄悄地积累，默默地发酵……

开端："初教-5"

新中国成立之初，由于空军训练需要，中国从苏联进口了首批二十架"雅克-18"型飞机。这些飞机，通过铁路运至中国，正式在中国空军航校用于飞行训练。

"雅克-18"活塞式发动机驱动的螺旋桨飞机，是苏联雅科夫列夫设计局在第二次世界大战后设计生产的一种双座初级教练机，结构简单，重量较轻，操纵容易，能在土质跑道上起降，飞行学员可以更快地掌握飞机基本驾驶技能。

此后，中国分批购进了二百七十六架"雅克-18"型飞机。

鉴于中国对空军教练机需求量的日益增大，

苏联政府最终决定：将“雅克－18”型飞机及其发动机的制造权转让给中国。

抗美援朝战争期间，中美空军力量悬殊。美军飞机的狂轰滥炸让志愿军承受了巨大压力，也让时任重工业部代部长的何长工如坐针毡。

在一次中央财政工作会议上，何长工表示：“偌大中国，没有航空，怎能立足于世界民族之林？”

毛泽东主席表示赞同：航空工业应该早点儿抓起来。

一九五一年四月十七日，中央人民政府人民革命军事委员会和中央人民政府政务院做出了《关于航空工业建设的决定》。中央提出国有航空工业争取在三到五年内，从修理飞机起步，逐步过渡到仿制苏联教练机和歼击机。

这个决定，是新中国航空发动机事业发展的起点。

一九五二年，航空工业局机关从沈阳迁回北京。吴大观先后担任第二生产处副处长、处长。

然而，制造飞机，谈何容易！那是世界上工

艺最复杂、技术最高级的现代工业产品。

尤其是飞机的心脏——航空发动机的研制，更是一项复杂的系统工程，涉及多个领域。

研制一款优秀的航空发动机，对于一个国家的基础工业有着相当高的要求，而且要在多个领域进行高昂且持续不断的投入。

航空发动机由成千上万零件组成，结构复杂，如果加工工艺不到位的话，会使其可靠性降低、使用寿命缩短；航空发动机又是一种高度复杂和精密的热力机械，它的燃烧室需要在1000℃的高温下稳定工作数千个小时，这对于材料工业要求极高；航空发动机不仅是飞机飞行的动力来源，也是促进航空事业发展的重要推动力来源。人类航空史上的每一次重要变革，都与航空发动机的技术进步密不可分。

虽然吴大观最强烈的愿望是自己设计发动机，但还不具备现实条件。

对新中国而言，制造航空发动机、制造飞机，都只能先从仿制入手。

仿制的第一款飞机，是“初教-5”教练机，原型就是苏联的“雅克-18”教练机。

为了给“初教-5”教练机仿制出合格的发动机，吴大观和同事们开始了夜以继日的攻关。夜深人静，吴大观的办公室依然灯火通明……

借鉴、消化、吸收、提升，失败、苦恼、汗水、泪水乃至血水……

一九五四年七月，新中国生产的第一架飞机——“初教-5”试制成功。

为此，毛泽东主席发来贺电：祝贺你们试制第一架“雅克-18”型飞机成功。这在建立我国的飞机制造业和增强国防力量上都是一个良好的开端。希望你们继续努力，在苏联专家的指导下，进一步掌握技术和提高质量，保证完成正式生产任务。

八月二十六日，中央人民政府人民革命军事委员会副主席彭德怀批示：同意“初教-5”飞机成批生产。

十月六日，首批八架“初教-5”交付中国空军航校使用。

十月十八日，在国防委员会第一次会议上，

毛泽东主席兴奋地说：中国是个大国，要有强大的陆、海、空军……全国人民都希望我们有空军，开始的时候我们只有一支小小的空军，就像在天安门阅兵时看到的那样。一九五四年，我们国家自己出产了一架飞机，自从盘古开天辟地，三皇五帝到如今，这是一件惊天动地的大事，虽然还只是一架教练机。

“初教-5”型飞机的试制成功，是中国航空工业发展史上的一件大事，标志着中国航空工业由修理走向制造。

从一九五四年八月二十六日成批生产，到一九五八年十月奉命停产，“初教-5”型飞机共生产了三百七十九架。

一九七八年，随着最后十三架“初教-5”型教练机的停飞，新中国自行制造的第一代飞机正式退役。

一代发动机，决定着一代飞机。

征途漫漫，吴大观寻找着属于中国航空发动机的道路。

太多的过程，太多的情节，太多的感动，都

散落在了今天已经看不到的地方。人们能够清晰记忆起的是灯光——吴大观办公室深夜长明的灯光……

陡峭“山路”

世界航空发动机，最先使用的是活塞式发动机。

二十世纪初期，美国的莱特兄弟将一台四缸水冷发动机改装后，成功用到了“飞行者一号”飞机上，完成了飞行试验。这也是人类历史上第一次具有动力、可以载人、平稳运行、可操作的飞行器成功飞行。

第二次世界大战中，活塞式发动机得到了技术革新，优化了发动机的性能和运行效率，运行时间从十几个小时增加到了近三千个小时。战争结束后，活塞式发动机的技术已经非常成熟。

二十世纪三十年代后期到四十年代初期，喷

气发动机在英国和德国诞生，开创了喷气推进新时代和航空事业的新纪元。

从产生输出能量的原理上讲，喷气发动机和活塞式发动机是相同的，都需要有进气、加压、燃烧和排气四个阶段。不同的是，在活塞式发动机中，这四个阶段分时依次进行，而喷气发动机则是连续进行。

喷气发动机告别了限制飞行速度的螺旋桨，而且在单位时间进入发动机的空气流量更多，产生的推力更大，因而促使飞行速度大大提高。

研制喷气发动机，制造喷气式战机，是中国航空工业面临的历史新课题。

一九五六年五月，沈阳航空发动机厂根据苏联“BK-1ф”发动机的技术资料，成功仿制出了“涡喷-5”发动机。

这是第一代国产喷气发动机。

我国第一台“涡喷-5”发动机的仿制成功，让吴大观非常兴奋。自行设计发动机的梦想，越来越近了。

的确，自行研制航空发动机的能力，是一个

国家成为航空强国的重要标志。

下一个新使命，就是如何从仿制向自行设计制造航空发动机过渡，这也是吴大观的夙愿。

徐舜寿是航空工业局第一生产处处长，吴大观是第二生产处处长。他们两人商量，飞机和发动机都仿制出来了，接下来应该研制自己的喷气发动机和喷气式飞机。

不料，这时国际上刮起了一股风，说有了导弹可以远距离打击敌方以后，飞机就没用了，应该进博物馆了，今后要靠导弹打天下。

当时，我国面临的国际形势非常严峻，国家高层主要考虑的也是打仗、打大仗，所以首先考虑的是飞机和导弹哪个威力大，哪个更厉害。

上级领导目的很明确，飞机可以从国外买，导弹买不来，导弹的威慑力更大。

研制发动机、制造飞机的进程遇到了阻碍。

吴大观非常着急。他明白，导弹不是万能的，并不能取代飞机。

为此，他专程到北京，求见上级领导，畅谈自己的想法，大声呼吁制造我国自己的发动机和飞机。

一九五八年初，吴大观借到英国访问的机会，回国途中专程到苏联了解情况。

他向苏联航空工业部的部长探询这个问题：“是不是将来飞机要进博物馆，没有用了？”

部长回答说：“原来确实有这个说法，是美国的某些专家讲的，但我们经过认真分析论证后认为，这个观点不能成立。在战争中，导弹打过去固然具有杀伤力，但要真正征服对方，还是需要飞机。保卫国家领空，更是需要飞机。所以，我们苏联继续在研制‘米格-21’军机。而且，美国也从来没有停止研究和制造飞机。”

了解到这个情况之后，吴大观心里更有了底气。

他和徐舜寿等人商议，要继续抓紧研制自己的发动机，研制自己的飞机。

当时，北京没有工厂，怎么办呢？

他们就想，把研制飞机和研制发动机分别放在沈阳两个有仿制经验的工厂进行，制造问题可以解决。

吴大观给航空工业局打报告，请求自行设计、制造飞机和发动机，并建立空气动力和航空发动机方面的研究机构。

航空工业局很快予以批准。

于是，吴大观和徐舜寿再一次从北京回到了沈阳航空发动机厂。

目标明确了，但是具体要研制哪种发动机和飞机呢？该怎样起步呢？

经过反反复复讨论，最终，吴大观和同事们提出：首先研制喷气式教练机。

很快，他们就组建了我国第一个喷气发动机设计室。

当时，各方面条件均不具备，几乎是零基础。

虽然喷气式飞机也是第一次研制，极难，但它终究还是一架飞机，机翼、机身具有原来的基础。而要研制飞机的心脏——发动机，却是从活塞式到喷气式的飞跃，是包括原理、结构在内的一次革命性的改变。

虽然是在追逐自己的梦想，但真正挑起这副千斤重担，吴大观还是感到了巨大压力，压在肩上，也压在心上。

在西南联大上学时，吴大观学习的是活塞式发动机，在美国留学，仍然如此。

对于喷气发动机，他在美国只是观察了一眼，抚摸了一下；对苏联的“涡喷-5”，我国也只是仿制。所有的技术参数，全部陌生。

喷气发动机，就像一座耸立的山峰。攀登之路，陡峭又崎岖。要登上顶峰，需要巨大的决心、勇气、智慧、毅力……

但是，为祖国航空事业造出强大的“中国心”，是吴大观多年的梦想！

“一定要把这个梦想变为现实！”吴大观紧攥拳头，立下誓言。

他在笔记本的扉页上，工工整整地写下了马克思的名言：“在科学上没有平坦的大道，只有不畏劳苦沿着陡峭山路攀登的人，才有希望到达光辉的顶点。”

险峰之巅

喷气发动机，是靠喷管高速喷出气流，直接产生反作用推力的发动机。

简而言之，喷气发动机就是一个两端开口的圆筒，将前端吸入的空气压缩、燃烧，推动涡轮驱动压气机工作，最后使高温、高速的燃气从后端喷射出去，产生向前的推力。

其中，要让流动的空气经过几米长、直径不到两米的发动机产生几千公斤甚至上万公斤的推力，极其困难。

常言道，一口吃不成胖子。吴大观和徐舜寿决定“先易后难，由小到大，先从教练机开始”。

最终，他们选定设计喷气教练机，定名

为“歼教-1”；为之配套的发动机，定名为“喷发-1A”，推力为1200公斤（表示该发动机能产生1200公斤的空气动力）。

基本方案确定后，首先急需解决的问题是：设计人员在哪里？

当时，我国发动机方面的设计人员寥寥无几。

吴大观四处招贤、八方求助，也只从部局机关、沈阳和哈尔滨的航空发动机厂招到不过二十名技术人员。这对于设计喷气发动机所需要的人员来说，只是杯水车薪。后来，国家从南京航专、沈阳航校分配来一些学生，设计人员才有一百名左右。

可是，这些学生熟悉的只是活塞式发动机或修理、装配、制造专业，对涡轮喷气发动机，多数人闻所未闻，以至于设计时常常有人把零部件张冠李戴。

尽快提升他们的技术水平，成为当务之急。

吴大观立即与北京航空学院联系，选送二十多名年轻人参加短期培训班，专门学习喷气发动机原理和叶片机原理两门课程。

半年之后，小苗抽枝散叶。青涩学生，变身为设计骨干。

沈阳东郊的荒原上，来了一支神秘的队伍：领头人中，有历经战火的少将、大校，有佩戴中校军衔的专家。他们身后，是一百多名清一色的二十岁出头的大学生。

担负技术总负责人的吴大观，是这支队伍中唯一亲眼见过喷气发动机的人。他和他的战友们，面临的将是一条怎样艰难的道路？

一九五七年三月，设计工作全面铺开。

工作条件异常简陋：设计室借用的是工厂的厂房，那时没有电脑，计算数据用的都是老式计算尺，甚至还用上了算盘。每当噼里啪啦的算珠撞击声响起，吴大观就像欣赏一曲美妙的交响乐。

不舍昼夜，历尽艰辛，背水一战……“喷发-1A”的图纸终于设计出来，并立刻送到工厂开始制造。

不料，空军方面却提出要更改设计——把最

初设计的推力1200公斤，加大到1600公斤。

吴大观立即赶到工厂，取回全部图纸，重新修改设计。

然而，增大设计推力，这可不仅仅是“400公斤”这个数字的改变。牵一发而动全身，它涉及整个发动机制造工艺的巨大改变。比如，叶轮直径必须加大，才能增大发动机的流量。但这样一来，许多零件都需要重新进行工艺准备，而工期又迫在眉睫。

当更改后的图纸送到工厂，工人们都十分沮丧，坐在地上，唉声叹气。

见此情景，吴大观亲自解释、动员：“师傅们啊，这是咱们自己设计的喷气发动机，是为祖国争光的发动机，制造中再大的困难也要克服。全国人民都看着咱们呢，咱们不能让他们失望啊！”

情深意切的一番话，让工人们群情振奋，呼啦啦站起来，转身就开动了机床。

许多工人和技术员把铺盖搬进了工厂，没日没夜地苦干！

其间，还有一个让吴大观大伤脑筋的问题：没有检测和试验的设备。而不经过检测和试验，发动机就不能安装到飞机上。

怎么办？

只有自己动手。

于是，测试传感器的研制、试验设备的设计和制造，也都紧张地进行起来了。

为了便于技术人员掌握电子学知识，吴大观把从美国带回的真空管收音机拿出来，让大家进行拆装练习——拆了装，装了拆，最后收音机成了一堆散碎的零件。

他还拿出了从苏联买来的幻灯机，让技术人员进行分析，从而提高压力测量的精度。

温度传感器、定向定位多点测压靶子……短短一年时间，这些设备就被制造出来，他们顺利完成了发动机的检测试验。

一九五八年五月，“喷发-1A”发动机所有部件完成制造，开始总装。

部件制造难，总装更加难！

比如，管路的装配——形形色色的燃油管、

滑油管、空气管等等，纵横交织，密如蛛网，没有正规的设计图纸，全靠现场摸索着安装，且精密至极，容不得一丝差错。吴大观亲自上阵，凭借自己多年掌握的熟练技术，和几位技术高超的工人师傅一起操作，终于把这个难题解决了。

“这简直是在钢筋铁骨上绣花啊！”现场的人们连连惊叹。

经过众人精细操作，发动机总装顺利完成。

看着眼前的发动机，吴大观不由得走上前，深情抚摸锃光瓦亮的机身，这可是他的心肝宝贝啊！

他转身吩咐技术人员：“抓紧上试验台试车，空军还等着咱们的发动机呢！”

……

深夜十二点，急促的铃声响起。这是试车的信号。

“加油，点火！”随着一声令下，发动机轰然开机！

车间那边，发动机的轰鸣震天撼地。这边，吴大观搓手打转，坐立不安。

他再一次伏在宽大的木案上，再一次展开磨得卷边的图纸，仔仔细细审视了一遍："没问题，一定成功！"

虽然嘴里这样说，心里还是不踏实，期盼—焦急—紧张—兴奋，周而复始。他一夜未眠，直到天亮……

突然，试验车间那边传来一声惊喜的高喊："吴主任，试车成功了！"

通过长达二十小时的试车，"喷发-1A"发动机，经受住了检验，完全合格！

吴大观再也控制不住自己，涕泗滂沱，泣不成声。继而，他振臂高呼："我们的孩子，成功了！"

一九五八年七月一日，首台崭新的"喷发-1A"发动机装在了"歼教-1"101号喷气式飞机上。

七月二十六日，"歼教-1"喷气式飞机由空军特级飞行员于振武亲自驾驶升空，首飞成功。这个于振武，后来曾担任中国人民解放军空军司令员。

八月四日，“歼教-1”飞行表演暨庆功大会在沈阳隆重举行，场面异常热烈。

十月，装上“喷发-1A”发动机的两架“歼教-1”喷气式飞机，从沈阳飞到北京南苑机场，接受了党和国家领导人的检阅。

“喷发-1A”发动机是我国向自行研制喷气发动机迈出的成功一步，对后来喷气发动机的研制生产具有重要意义。

“喷发-1A”发动机和“歼教-1”喷气式飞机的研制成功，填补了我国航空领域的多项空白，也向全世界证明，中国人完全能够造出自己的喷气发动机和喷气式飞机！

此后，吴大观又亲自参与试制了一系列喷气发动机：

“红旗2号”喷气发动机；

中国第一型涡轮喷气发动机——“涡喷-7甲”发动机；

中国第一型涡轮风扇发动机——“涡扇-5”

发动机；

中国第一型大推力涡轮风扇发动机——“涡扇-6”发动机。

……

然而，在辉煌的背后，吴大观也在时时品尝着探索的悲壮。

“高空台”

二十世纪五十年代末到六十年代初，以美国为首的西方国家对中国实行政治上孤立、围剿，经济上制裁、封锁的政策；过去的“老大哥”苏联，也对中国实施类似的打压；国内三年困难时期，工农业生产遇到了前所未有的严峻局面……

为了打破国外的封锁，党中央做出了重大战略决策：加强国防建设，研制自己的武器装备。其中一个重要举措，就是成立航空研究院（又称国防部第六研究院）。

一九六一年八月六日，国防部第六研究院第二设计研究所（航空发动机设计研究所，又称606所）诞生了。

吴大观作为航空发动机专家、副所长，挑起了科研、生产、技术工作的大梁。

当时，所长和政委有句口头禅：“我们所搞发动机，就靠老吴和老虞（虞光裕总设计师）了！”

吴大观很清楚这句话的分量。

他和同事们思考着、规划着，精心描绘着建立研究所的蓝图——从所区布局、试验基地建设、研究室设置、干部使用、人员的招揽和安排，一直到职工衣食住行……

当时，国家正处于困难时期，粮食全是定量供应，少得可怜，副食更是严重不足。从北京、南京等名牌大学来的年轻人，常常是饿着肚子伏案计算、进行试验。因为营养不良，很多人身体出现浮肿。

吴大观看在眼里，急在心头。他和其他领导一起积极想办法，从驻扎在黑龙江的部队那里争取到了一些黄豆，从此食堂里有了最“高级”的菜——盐水煮黄豆，用以补充技术人员的营养。为此，那些技术人员被戏称为“黄豆干部”。

一九六二年的春节，吴大观请来三十二名技

术骨干聚餐，吃了一顿猪肉土豆炖粉条。这次聚餐，被称为“尖子宴会”。

在食品极度匮乏的年代，“尖子宴会”是一次精神与物质的双重褒奖与激励，如今在已经白发苍苍的亲历者们的记忆中，那馥郁的香味，依然穿越历史时空，缭绕在心头。

当然，吴大观考虑最多的，还是研究室设置和试验基地的建设。他从主持研制“喷发-1A”发动机的实践中体会到，研制先进发动机必须要有先进的试验手段。发动机是设计出来的，更是试出来的。

他提出：606所的首要任务，是要建设航空发动机试验基地。

为此，吴大观奔赴北京，向上级领导陈述建立试验基地的必要性，再三分析试验设备的重要作用。

锲而不舍的坚持，让他最终得到领导认可，并获批五千万元建设经费。

不久，在距离606所二十五公里的地方，航空发动机试验基地——0307基地诞生了！

当时，英国纳皮尔公司面临破产，准备抛售一批试验设备，价格极低。吴大观得到消息后，当机立断，全部买下。

吴大观和总设计师虞光裕密切配合，精心规划，一面抓试验设备的设计工作，一面抓基础工程建设，边设计边施工。

他抽调精干力量组建了试验设备设计室，又派技术骨干先后到北京、上海、包头、哈尔滨等地的有关单位进行调研学习。

为了学习国外的先进技术，组织上多次安排吴大观出国考察。他先后访问了英国、苏联、法国、联邦德国、瑞士等国家，两次参加“巴黎－布尔歇国际航空航天展览会”（简称“巴黎航展”）。

过去，苏联为我国发展航空事业提供了技术援助，我们的技术人员大多学习俄语。后来，中苏关系紧张，我们从其他国家得到的技术资料全是英文的，这就需要技术人员掌握英语。

从俄语到英语的转换，并非易事。

吴大观曾经留学美国，英语很好，就当起了

英语教师。每天早上，大家都到吴大观家里诵读《英语九百句》。他家的小平房，变成了一个大课堂。

为了营造一个良好的语言环境，集中学习时，吴大观要求大家只能用英语交流。初时，大家颇为紧张，一位技术员张口就把一句简单的“晚上好”说成了半俄、半英的混合语，惹来一阵大笑。

一番刻苦努力后，这批技术人员的英语水平有了显著提高。

“高空台”（高空模拟试车台）是模拟飞机空中飞行状态、进行发动机试验的地面试验设备，世界上所有的发动机都必须经过多次高空模拟试验才能定型生产，才能保障飞行员和乘客的安全，这是一个国家自行研制航空发动机必不可少的重要大型设备。

二十世纪五十年代，吴大观就曾多次提出建设航空科研试验基地的规划。然而，由于种种原因，“高空台”一直没能建成。

一九六四年，聂荣臻元帅指出，要抓紧空气

动力中心和高空模拟试车台的建设，否则将来势必陷入被动。

很快，以吴大观为组长的“高空模拟试车台技术小组”成立，开始论证“高空台”建设技术。但是，“高空台”的核心技术，西方和苏联都对我国进行全面封锁。

在中央的支持下，来自五湖四海的科技人员、军工人员、高校学生和工程兵部队，开始了航空发动机试验基地和“高空台”建设的创业征程。先后有一百多家企业、科研院所、高校共同参与了“高空台”建设、设计与设备制造。

在此期间，吴大观作为技术领队，不得不带领技术人员把喷气发动机送到英国进行高空模拟试车和部件考核试验。

当时，涡轮研究所（624所）已经在筹建“高空台”，但技术力量薄弱，进展缓慢。在确定赴英人员名单时，吴大观要求优先考虑624所的人员，他们毕竟已经具备初步基础。因此，刘大响得以跟随吴大观参加赴英考察试验，并任“高空台”考核组组长。后来，正是因为在高空模拟试车台上取得的卓越成就，刘大响成了中国航空动力界第一批中国工程院院士。

奋起追赶，殚精竭虑，披星戴月，齐心协力——经过三十年不懈奋斗，直到二十世纪九十年代中期，“高空台”终于建成，使得我国成为继美、俄、英、法之后，第五个拥有这一高端设备的国家。

这座“高空台”以其宏大规模和科技含量，被称为“亚洲第一台”。

吴大观常说，核心技术买不来，必须坚持自主创新。

航空发动机是现代工业“皇冠上的明珠”，而“涡喷-7甲”发动机采用的气冷空心叶片，是当时的国际尖端技术，堪称航空发动机“皇冠上的明珠”。

当时，研究所刚成立一年多，经费不足，经验不足，知识缺乏，要上这种叶片，大家心里都没底。

是仿制，还是咬牙闯出一条自己的路？

吴大观在冷静分析后认为，这项技术虽然艰难，但只要攻下它，就能将发动机的研制水平向前推进一大步。

他下定决心，要摘下这颗“明珠”。

由于这项技术会使涡轮前温度提高100℃，因此所需材料非常关键。

吴大观调集所里的精兵强将，夜以继日反复研究、改进、试验，再改进，再试验，满负荷运转，超极限爆发。最后，在兄弟单位的配合下，终于一举攻克了这项技术难关。

“在科学的入口处，正像在地狱的入口处一样，必须提出这样的要求：这里必须杜绝一切犹豫；这里任何怯懦都无济于事！”

在自主创新之路上，吴大观和战友们将马克思的这句话诠释得淋漓尽致。

“变形金刚”

有一款国产发动机，在长达二十多年的研制过程中，曾先后计划为“歼-9”截击机、“强-6”战斗轰炸机、“歼-13”战斗机、“轰-6”改进型战略轰炸机、“老运-9”军用运输机等多种飞机提供动力，可谓是全部通吃，堪称中国航空发动机家族中的“变形金刚”。

这个“变形金刚”，就是代号“910工程”的“涡扇-6”发动机。

当我国还在努力研究涡喷发动机技术的时候，世界航空发动机已经进入了涡扇时代。

涡扇发动机具有推力大、推进效率高、噪声

小、燃油消耗率低等特点。

从涡喷到涡扇，是航空发动机技术的一大跨越，也是第二代发动机与第三代发动机的分水岭。

吴大观敏锐地捕捉到发动机技术变革的潮流，力推涡扇发动机研制。

但涡扇发动机的研制难度、复杂性远远超过涡喷发动机，研制工程费时费力。

从二十世纪六十年代初开始，我国航空发动机对外引进中断，自行研制进展缓慢，造成现役的发动机性能日益落后。

根据国际上飞机发动机发展的状况，我国经过反复权衡，决定研制涡扇发动机。

于是，吴大观率领团队又开始了“涡扇-6”发动机的艰苦攻关。

研制涡扇发动机，一道道难关险隘，横亘面前——

高速状态下要达到每分钟一万多转，超过1300℃的涡轮温度足以熔化普通钢材，每个风扇叶片须能承受高达二三十吨的强大离心力而不变形。这些，都意味着发动机结构、材料、工艺的全面变革。

在选型方案讨论会上，一些人犹豫不决。心急如焚的吴大观不禁潸然泪下：“还有两年，我就五十岁了，我们自己的涡扇发动机什么时候才能造出来？”

吴大观先后主持提出了三十个设计方案，并多次派人到空军部队征求意见和调研，掌握了第一手材料。

“涡扇-6”先后经过了“四次上马，四次下马，五次转移试制地点”的坎坷历程……

一九七四年五月，“涡扇-6”发动机从设在四川江油的624厂转回到沈阳410厂继续研制。

当时，吴大观担任沈阳410厂副厂长兼总工程师，主抓“厂所协调”（制造飞机的410厂和研制发动机的606研究所之间的协调）和新机研制。

“涡扇-6”虽然已经研制出了整机和零部件，但是大量的技术问题未能解决。肩负技术攻关重担的吴大观看在眼里，急在心头。

吴大观在410厂组建了上百人的新机研制队伍，在各个分厂成立“一分一角”（即在每一个分厂都划出一块专门搞新机研制的角落），配备专业干部和技术人员，专门负责新机研制工作，目的就是要实现我国飞机发动机的升级换代。

他在日记中写道：“看不到我国自行研制的涡扇发动机，我死不瞑目……”

那段时间，与工程技术人员一同吃住在生产车间，成了吴大观生活的常态。

“涡扇-6”在研制过程中，曾遇到启动困难、压气机喘振（风机就像人哮喘一样出现周期性的不正常振动）、涡轮进口温度高及振动大等技术问题。主要原因是自行研制的初期，缺少技术储备，主要部件的试验研究不够充分。

在吴大观的积极推动和支持下，沈阳410厂和606所的广大科技人员，经过艰苦奋斗，解决了“涡扇-6”发动机试制加工中的许多难题，实现了发动机在高转速下长时间稳定运转。

按照国际规范，“涡扇-6”发动机连续三次成功通过了二十四小时地面持久试车（即飞行前合格试车）。到一九八〇年底，各部件及总体性能均达到了设计指标。

一九八四年，由于装备空军的配套飞机机型停止使用，“涡扇-6”发动机再一次停止研制。

“涡扇-6”这个“变形金刚”命运多舛，原因很多，比如中国航空工业底子薄，过高的目标和相对薄弱的工业基础的矛盾等，使“涡扇-6”的研制陷入重重困难。

一个型号的发动机，带走的是一代人的青春，一代人的心血，一代人的奋斗。

那天，当宣读“涡扇-6”发动机停止试制的决定时，吴大观黯然落泪，台上台下哭声一片。

困苦，勃发，喜悦，失落，中国航空人品尝着一次次蜕变的百般滋味，但始终没有折断翱翔的翅膀，始终没有失去心中的梦想。

尽管“涡扇-6”发动机停止了试制，但我们也在这一进程中获益良多，培养了技术人才，锻炼了研发队伍，还攻克了发动机启动、喘振、振动、高温等一百一十四项关键技术，其中有三十多项获省部级以上“科技成果奖”。特别是航空发动机高温轴承等三项发明，荣获“全国科技大会奖”。

“涡扇-6”的攻关探索，为后来“太行”发动机[①]的成功研制奠定了良好的技术、材料和人才基础。

一九八五年底，在航空部科技委发动机专业年例会上，专家们观点一致：在一九七八年预研的基础上，准备立项研制“太行”发动机。但有关方面在仿制还是自主研制上仍然存在犹豫和彷徨，“太行”面临难产。

在决定“太行”发动机前途命运的关键时刻，年近七十岁的吴大观大声疾呼：“我们一定要开创一条中国自主研制航空发动机的道路。否则，就会永远受制于人，战机就会永远没有‘中国心’！”

为此，吴大观与其他八位专家一起联名报告国务院，建议自主研制“太行”涡扇发动机。

中央高度重视！

---

① “太行”发动机，也叫“涡扇-10”系列发动机，是国产第三代大型军用航空涡扇发动机。

时任军委主席的邓小平给予大力支持！

一九八七年，“太行”发动机起死回生，得以立项。

一九九三年，“太行”发动机研制的一项重要试验一次性达标。吴大观听到消息后，激动地说：“这是最好听、最好听的消息呀！我兴奋得一夜都没睡着。这证明我们有这个能力，‘太行’发动机大有希望！”

二〇〇五年十二月二十八日，“太行”发动机完成设计定型审查考核。二十多年的磨砺，终成大器，这标志着我国实现了从第二代发动机到第三代发动机的历史性跨越。

困顿岁月

时间回到一九六六年初。

那段时间，吴大观非常繁忙，睡眠严重不足。

一个周末，他和同事们打篮球，好几次被人从左边抢球，他却看不到。

“怎么回事？”他有些惊讶，揉揉眼睛，左眼前一团黑雾。

原来，由于长期熬夜加班，他的眼睛出现了严重的问题：白内障、玻璃体浑浊、视网膜脱落。

五月，吴大观不得不住院治疗，先后进行了两次手术。

手术后不久，“文化大革命”开始。他受到摧残，被免去职务。

他的左眼，永远失明。

一九七二年，吴大观恢复606所技术副所长工作之后，立刻带领技术人员赶赴0307基地，继续进行压气机试验。

试验用电量很大。白天电压不稳，只能在深夜用电高峰过去之后进行。

为了及时进行试验，日暮时分，吴大观和同事们就用卡车把试验件拉到二十公里之外的基地，提前做好准备。

等到夜里十一点电压平稳后，马上开始试验。试验结束时，已是半夜两三点钟，他们连夜返回所里。

沈阳的冬天，滴水成冰，寒风刺骨，坐在敞篷卡车里，简直要被冻成冰块。吴大观说："那个滋味，那种感觉，年轻人根本无法想象。"

为了给战鹰安上"中国心"，吴大观忘却了磨难，忘记了寒冷，坚定地迈开脚步，激情澎湃地奔走在新的征途上……

一九七六年八月的一个晚上，606所的几个工人来到吴大观家里，对他说，410厂里有他们四十几台机床，必须要搬回来。

工人们提出的机床一事，是此前“厂所结合”时期的遗留问题。

吴大观耐心规劝：“这个事情要按照原则办，你们晚上不能动，我明天早上向410厂党委汇报，得到认可同意后，你们再去搬。”

争执到半夜，工人们还是执意行动。

眼看要出乱子，吴大观一阵心急，摔倒在床上，心脏病发作。

紧急送往医院。抢救之后，仍是心律不齐、心动过速、时时冷汗。

吴大观，病倒了……

组织上安排吴大观去青岛疗养。在青岛，每天打针吃药，但他心里始终放不下工作。九个月后，吴大观感觉身体有所恢复，便一次又一次地申请返回工作岗位。

当时，国务院副总理王震正在紧抓西安430厂的“斯贝”发动机试制，外文资料需要整理，技术上也有待加强，正需要一个技术领导。

于是，一九七七年底，吴大观被派到了西安430厂，出任技术副厂长，负责英国斯贝发动机专利引进试制工作。

斯贝大会战

斯贝发动机是英国罗尔斯·罗伊斯（又称劳斯莱斯，简称“罗罗”）公司二十世纪六十年代初设计的一种双轴涡扇发动机，在当时世界各种同类型发动机中性能处于领先地位。

对于斯贝发动机，吴大观并不陌生。他之前曾对斯贝发动机进行过学习和摸底，吸收和借鉴了三十多项技术。

自从新中国航空工业创建以来，西方先进的军用航空技术一直对我国严密封锁。直到一九七二年，英国才同意向我国单独出售民用斯贝发动机。

一九七三年七月十七日，英国授权罗罗公司

向我国出售军用斯贝发动机。

一九七五年十二月十三日，中英双方签订了中国引进英国斯贝发动机专利合同，选在西安430厂试制生产“涡扇-9”发动机。

这次来到430厂，吴大观正好一展身手。

上任之初，吴大观带领技术人员对斯贝发动机的引进资料进行翻译和整理。他对大家说：“用人民的钱买来的资料，每个技术人员都有责任钻研学习，整理好留给后人阅读。任何丢失资料、不认真学习的行为，都是对人民的犯罪。”

由于斯贝发动机的工装资料与以往生产的机种工装有较大差别，吴大观提出，要认真消化资料，进行工艺分析研究，确定关键项目，组织技术人员进行攻关，务求全面掌握斯贝发动机技术。

经过近两年奋战，他们最终攻克了七十六项关键技术，提高了工厂工艺技术水平。

工装制造会战，极其关键。

斯贝发动机结构复杂：叶片多、复杂精密零件多、薄壁焊接零件多、复杂形状管子多。

针对这“四多”，吴大观带领广大技术人员，在制造中采用了精铸、精锻、数控加工、电子束焊等先进工艺。

为了保证试制进度，他深入生产第一线，经常二十四小时泡在试制现场。在他的带动下，广大技术人员和工人以“背水一战”的决心，赶抢斯贝发动机的工期，确保前两台斯贝发动机的零组件试制接续进行。

技术消化只是第一步，更多的难题还在后面。

一九七九年七月十九日，距离试车台校准试车仅剩一周时间。

关键时刻，出了问题：已经做好的尼龙网进气防护罩，导热性能差、使用寿命短，必须改用不锈钢重做。

但这种不锈钢防护罩，过去从未制作过。重新制作，至少需要两周时间。

在场的人都焦急地看着吴大观。

规定的试车日期绝不能耽误，怎么办？

吴大观略加思索，猛地把手一挥，坚定地说：“一定要在试车之前做出不锈钢防护罩！”

一场和时间的赛跑，一次和陌生技术的对决，立刻开始！

吴大观恨不得把一分钟掰成两半用。

要按时、保质做好金属防护罩，焊接是关键。

吴大观立刻跑到老焊工姜师傅那里，和他一起想办法，攻难关。

焊机嗡鸣，焊花飞溅。经过紧张试验，他们终于提前两天赶制出了合格的不锈钢防护罩，确保了试车准时进行。

试车开始了，吴大观却晕倒了——试车时，英方专家两班倒，而吴大观一人顶两班，高烧三十九摄氏度。

救护车，送医院！

从医院刚刚苏醒，他又不顾医护人员劝阻，起身回到试车现场，奔前跑后，满头大汗。

一位新来的英国专家好奇地问："这位老先生是你们什么人？"

大家说："这是我们的技术副厂长，相当于你们的总工程师。"

英国专家一脸惊讶："你们的大官，真是不简单！"

在"斯贝大会战"期间，吴大观和技术人员经常要向英国专家咨询问题，对方也认真配合。但是一旦涉及关键技术，他们便缄口不言。

按照合同，英国罗罗公司卖给中国的是制造权，而不是设计权。

罗罗公司的技术董事胡克就说："你们中国人真厉害啊！买我们的苹果，还想连苹果树都买走。苹果树嘛，那是另一回事。"

吴大观对大家说："我们必须明白，核心的关键技术，是难以买来的。"

于是，继续攻关，继续奋战！

最终，这场"斯贝大会战"的成果，是我们制造出了三台合格的"涡扇-9"发动机。

根据合同规定，需要将两台发动机送到英国，进行三项关键指标的考核检测。

一九八〇年初，吴大观率领技术小组，亲赴英国参加考核试验。

吴大观和团队人员在英国工作了半年，先后

完成了高空模拟试车、-40℃条件下启动试车，以及六大部件的强度试验、寿命试验和六千个循环的疲劳强度实验，顺利地通过了考核。

一九八〇年五月三十日，中英双方代表在英国签署了我国制造的斯贝发动机考核成功文件。

至此，“涡扇-9”发动机试制成功，填补了我国航空发动机的一项空白！

从英国回来之后，吴大观又开始组织相关资料的整理工作，负责主持编写了《英国罗罗公司“斯贝”（“涡扇-9”）发动机总装设计技术资料》《“斯贝”发动机赴英“高空台”试验、部件强度考核试验结果技术资料》。

一九八二年，按照组织安排，吴大观离开西安430厂，到航空部科技委担任常委。

虽然离开了西安430厂，但他心里依然牵挂着斯贝发动机。

二〇〇三年九月，斯贝发动机的全面国产化进入关键时刻，却发生了叶片断裂故障。

当时，已是八十七岁高龄的吴大观立刻赶到

西安430厂，帮助工厂进行故障调查和试验分析，很快找到了故障的主要原因。在他指导下，第二台发动机顺利通过了验证试车。

这次出行，对吴大观而言，意义非凡——

他以一个航空战线老兵的身份，对那片曾经奋战过的热土做了最庄重的巡礼，对魂牵梦绕的科研前线做了最不舍的挥别，对年轻时的梦想做了百感交集的重温。

在这项前赴后继、“长跑接力”的事业中，吴大观传好了“接力棒”。

回到北京后，他又将自己在航空科研中总结出来的关键技术经验和资料，无私地奉献给了工厂，并对斯贝发动机技术的改进提出了建议。

二〇〇五年五月，吴大观再一次将他多年来在航空科研中总结出来的关键技术和经验，贡献给了西安430厂。这些技术和经验，对我国后来“秦岭”发动机（“斯贝”发动机的升级版）的生产定型起到了关键作用。

“秦岭”发动机为我国的“飞豹”轰炸机装上了一颗强健的“中国心”，并成为国内批量装备

部队的较大推力的涡扇发动机，对于提高我军的装备水平，促进航空发动机产业发展具有重大的推动作用。

吴大观在看到装着“中国心”的“飞豹”战机在西安阎良飞机城上空进行飞行表演时，顿时老泪纵横。

这是喜悦的泪水，这是激动的泪水，这泪水一洗当年国土被日军飞机轰炸、背井离乡流亡的耻辱、悲凉和无助。

他拉起自己培养的学生们的手，不停地说着：“谢谢！谢谢！”

对这些年轻的后来者，吴大观既有舐犊情深，更有敬意谢意。正是这些年轻人用“青出于蓝而胜于蓝”的才华和“长江后浪推前浪”的冲劲，赓续着“为祖国造飞机”的梦想。

这些年轻人，同样怀揣着一颗飞翔的“中国心”！

感悟人生

吴大观有自己的生活态度：“我们这一代人只能够过艰苦生活，为什么？虽然中国共产党解放了苦难的中国人民，但距离国家富强还很远。只有我们多多吃苦，我们的后代才能尽早过上幸福生活。”

一个“国宝”级的大科学家，却要主动过艰苦的生活，这让很多人不太理解。

“传家有道唯忠厚，处世无奇但率真。”他经常想起舅舅家门上的那副对联。

“人生是施与，不是索取。”他经常默念雨果写的这句话。

对此，吴大观谨记不忘，并身体力行。

在西南联大，老师们不仅传授给他知识，更教给他如何做人。西南联大的教授，至少有一半从国外留学归来，他们完全可以留在国外过舒适的生活，但他们都是学成以后立即回国，投身于抗日救国、航空、科技、工业强国的事业中。

在他们身上，吴大观看到了一个知识分子应有的社会责任感、使命感。

在贵州大定，曾有中国第一个航空发动机工厂。在那里，建厂之初便集中了一批在国外取得博士、硕士学位的留学生，制造出了中国航空工业的第一台发动机。

……

吴大观说："回想自己的一生，如果说做了一些对国家、对人民有用的工作，很重要的一点就是要有毅力。"

吴大观原来抽烟，尤其是"文化大革命"期间，身心痛苦，嗜烟如命。

恢复工作以后，一位同事出于关心，说："吴所长，你应该注意自己的身体，吸烟对身体不好，应该戒掉。"

他当即表示："你说得对，我一定戒。"

当时，大家以为他不过是说说而已。有一位同事开玩笑地说："如果你说到做到戒了烟，我每年送你一只烤鸭作为奖励；但你要是做不到，那就要送我一台电视机作为惩罚。"

吴大观不假思索："好，一言为定。"

从那天起，他真的一次也没有犯戒。

吴大观说："天才人物在我们的生活中毕竟只是极少数，大多数是与我一样天资平平的人。但我想说的是，只要你努力，只要有毅力，你也同样会有所作为！"

赤子情怀

二十世纪五十年代，普通工人每个月的工资不足三十元。作为国家二级专家，吴大观的月薪是二百七十三元。

按照资历和贡献，他获得这样的薪资理所应当，况且这也是国家的规定。

可是，吴大观心里十分不安，几次打报告要求降低自己的工资，却未获批准。

怎么办呢？他想了一个办法——每月多交一百元党费，一直坚持了三十年。

后来，他的工资早已降到社会中下等水准，但他依然坚持多交党费。从一九九四年开始，每年多交纳党费四五千元。

是他家里富裕吗？当然不是。

“人生是施与，不是索取。”吴大观一辈子都忘不了这句话。

给予的人生是幸福的人生。哪怕只有一点点，也能给这个世界增加温暖。

除了多交党费，他回报社会更多——“希望工程”，他捐款；南太平洋海啸，他捐款；汶川抗震救灾，他捐款；身边的同事朋友有困难，他更是解囊相助；就连家中的保姆生病住院，他也全部“买单”。

给予的人生是快乐的人生。

在每一次给予的快乐里，生命之树就会增添一片绿叶，心灵深处就会绽放一朵红花。

渐渐地，他老了，他还能拿什么给予呢？

离开一线后，他仍然保持着勤奋的工作状态，追踪世界上航空发动机的新技术，为一线技术人员做些添砖加瓦的工作。

他左眼失明，但仍然坚持自学现代发动机新技术，写下了上百万字的笔记和心得体会。

他组织编制了我国第一部航空发动机研制国

标，以及《发动机结构完整性大纲》等研制航空发动机的必备文件，为航空发动机研制的可靠性奠定了技术基础。

二〇〇四年，吴大观办理了离休手续，但他依旧拄着拐杖去办公室上班。

离休，对于吴大观来说是离而不休。

他从未拿到过显赫的奖项，一辈子的最高职务仅是副局级，甚至连世人仰慕的院士都不是。

但他的伟大，与此无关。

他是在没有路的地方走出路的人，他是后来者的天梯，他是院士的导师。

他的伟大，是在远离鲜花、掌声和闪光灯的征程中，寂寞而坚忍地前行。

他犹如一位虔诚的信使，在“航空救国”“为国争气”的坎坷曲折的道路上，留下了闪光的脚印。

吴大观收获的是一个世纪里中国人的骄傲。

在他那一代知识分子上下求索的漫漫征途中，他永远怀着一颗“航空报国”的赤子之心，他永远在仰望着一颗飞翔的“中国心”。

耄耋之年的吴大观学会了使用电脑，天天坐在电脑前，戴着眼镜，再拿着放大镜，搜索下载各种有关航空发动机的资料，然后一摞一摞装订好，送给工作在一线的晚辈们。

九十岁高龄那年，他写下了肺腑之言：

“在我这个中国老航空人心中，为中国制造的飞机装上中国制造的、具有先进水平的‘心脏’——航空发动机，是我最大的心愿！老骥伏枥，壮心不已。我愿在自己有生之年，继续为我们的航空工业尽心尽力，为实现今生航空报国夙愿，奉献一颗赤诚之心！”

二〇〇八年底，吴大观在例行体检中查出患有肠癌。

面对死亡的威胁，他没有恐惧，也没有想办法延长自己的生命，他念念不忘的只是他热爱并为之奋斗一生的航空发动机事业。

二〇〇九年，九十三岁的吴大观住进了医院。搞了一辈子自然科学的他，知道自己时日无多。

他清醒地选择了拒绝一切治疗。

“不要浪费国家的医药费，把好药用到最需要的病人身上吧。”这是他对医护人员说得最多的话。

每当有领导和同事前来看望，他总是兴奋不已，总有太多的话想说。

那天，当年吴大观手下的小伙子，如今已是中国航空发动机领军人物的刘大响、马福安等人来到他的病床前。他坐起来，紧紧地握住他们的手。

“吴老，您快躺下。”

“不，我没有时间了，让我再说说。”

他的思维依旧简洁明快，但却蕴含了厚重的托付：“我有三句话。第一，我这一辈子，没有为国家航空发动机事业打下一个好基础，这是我最大的遗憾，我应该检讨自己；第二，航空发动机一定要加强预研、动力先行，基础打不牢不行；第三，你们一定要敢说真话，不要怕得罪人。拜托你们一定要转达给有关领导。只有这样，才有可能把航空发动机搞好！”

说罢，他深深地喘了一口气，像是完成了一

项重大任务。

他轻轻转过头，把目光投向窗外湛蓝的天空。

那里，是航空发动机轰鸣的地方，是他一生牵挂的地方……

此生无愧“中国心”

吴大观晚年时，有位同事在网上下载了一篇文章，题目是《给战机一颗“中国心”的吴大观》。

文章写道：“经过六十年的苦苦追寻，他终于圆了一个祖国强大的梦，但是在航空发动机的发展上，他还有太多未了的心愿。”

吴大观说：“我不知道这些话出自哪一位作者的手笔，但他确实说出了我的心里话。我感谢他们为我用了这样美好的语言。但给中国战机装上‘中国心’的，是奋战在祖国航空工业战线上的广大员工，而我，只不过是他们中间的一个老兵。”

是的，他是一个老兵，更是一位将帅！

在此，我们可以用若干个“第一”来概括他的巨大贡献：

组建了新中国第一个航空发动机设计机构；

创建了我国航空史上第一个发动机试验基地；

主持研制了我国第一台喷气发动机、涡喷发动机、涡扇发动机；

成功试制了我国第一台斯贝发动机；

建起了新中国第一支航空动力设计研制队伍；

建立了第一套航空发动机研制规章制度和技术标准；

……

女儿吴晓云说：“爸爸病重，蔫蔫的，但只要老同事来探望，他就神采飞扬，拉着人家说个不停，话题全是‘发动机’。”

为中国“战鹰”装上一颗强劲的“中国心”——这个目标，就像穿越一个世纪的火焰，燃烧了他全部的生命……

二〇〇九年三月十八日八时十分，灿烂的阳

光透过玻璃窗，照进安静的病房。

一夜无眠的吴大观抬起眼，最后一次仰望祖国蔚蓝的天空——一架架“战鹰”带着强大的“中国心”，呼啸而过。

他的心也乘风而去，脸上露出了欣慰的笑容……

二〇〇九年七月二日，中央组织部决定，追授吴大观“全国优秀共产党员”称号。

二〇〇九年七月十四日，中央组织部、中央宣传部、中央深入学习实践科学发展观活动领导小组、国务院国资委党委联合下发通知，要求在广大党员干部中深入开展向吴大观学习的活动。

二〇〇九年七月，在经中央批准，中央宣传部、中央组织部等十一个部门联合组织开展的评选“100位为新中国成立做出突出贡献的英雄模范人物和100位新中国成立以来感动中国人物”活动中，吴大观入选“100位新中国成立以来感动中国人物”。

飞翔的“中国心”，感动了中国！